梁颖慧／著

却住三坊七巷间

中国文史出版社
CHINA CULTURAL AND HISTORICAL PRESS

图书在版编目（ＣＩＰ）数据

却住三坊七巷间 / 梁颖慧著 . -- 北京 : 中国文史
出版社 , 2021.2
ISBN 978-7-5205-2946-4

Ⅰ . ①却… Ⅱ . ①梁… Ⅲ . ①名人－故居－介绍－福
州 Ⅳ . ① K928.725.71

中国版本图书馆 CIP 数据核字 (2021) 第 076195 号

责任编辑：梁玉梅

出版发行：中国文史出版社

社	址：北京市海淀区西八里庄路 69 号院　　邮编：100142
电	话：010-81136606　81136602　81136603（发行部）
传	真：010-81136655
印	装：廊坊市海涛印刷有限公司
经	销：全国新华书店
开	本：32 开
印	张：7.75
字	数：189 千字
版	次：2022 年 3 月北京第 1 版
印	次：2022 年 3 月第 1 次印刷
定	价：49.80 元

序 言

三坊七巷自晋唐开始逐渐成型，至明清达到鼎盛，是福州的历史之源、文化之根、文脉昌盛之地。这里也是"中国目前在市中心保留规模最大、最完整的明清古建筑街区"，有"中国城市里坊制度活化石"和"中国明清建筑博物馆"的美称。以沈葆桢故居、林觉民故居、严复故居等典型建筑为代表的三坊七巷古建筑群，是全国重点文物保护单位。

远观三坊七巷，你会发现，这里保留了唐宋的坊巷格局和大量的明清古建筑，流连其中，犹如穿越到了明清时期；走近这里的名人古迹，仿佛来到了名家大腕大观园。三坊七巷现存古建筑达两百多座，坊巷纵横相连，奇匠巧艺，美不胜收。

走进三坊七巷，灰墙青瓦扑面而来。巷子里，精雕细刻的石木构件就在眼前，摸一摸舒展豪气的大红斗门，看一看雕饰各异的马鞍形风火墙，你会惊叹这里高调的精美、低调的奢华。

这些建筑的地域特色、时代特征非常鲜明。在建筑用材上，古代匠人充分考虑了福州地区潮湿温热气候的影响。在庭院布局上，建筑设计者着力体现传统的家庭伦理观念。所以，我们看到的园林，精巧而雅致，庭院的缩微山水，风雅而富有情趣。

有游客说，走进坊巷，发现自己居然是个路痴。其实，只要抓住南后街这条主线，就能在头脑里形成清晰的整体印象。南后街是三坊七巷的中轴线，向西三片称"坊"，向东七条称"巷"。自北而南依次为："三坊"——衣锦坊、文儒坊、光禄坊；"七巷"——杨桥巷、郎官巷、塔巷、黄巷、安民巷、宫巷、吉庇巷。

这里的山墙饰以曲线，不少地方点缀亭台楼阁，奢华的人家布局花草、假山。亦人文，亦自然。图案雕饰的丰富，石刻柱础的精美，技艺巧夺天工。台阶、门框、花座、柱杆随处可见，大厅、后厅、正房、后房、左右披榭、前后天井，巧妙变化，错落有致。

来到三坊七巷，不仅能欣赏底蕴深厚的古建筑群，而且能触碰到时代的强劲脉搏，倾听到历史的轻吟低唱。

三坊七巷自古崇文重教，被誉为"近代名人聚居地"，这里人杰地灵，文儒武将，俊采星驰。一大批对中国近代社会产生重大影响力的人物，从这块神奇的土地上走向历史舞台中央。灿若星辰的爱国先驱，在不同时期、不同战线，不懈探索着救国真理，探寻着强国良方。让我们走进历史，与他们来一场心灵互动、思想交流。

林则徐，主张严禁鸦片，对外国鸦片烟贩毫不妥协，与西方列强争锋相对，是民族英雄，也是近代中国"放眼看世界第一人"。

沈葆桢，两江总督、南洋大臣，负责督办南洋水师，建立起中国第一支近代海军舰队。主政福州船政局，制造军舰、轮船，是近代中国造船、海军建设、航运事业的奠基人。

严复，北京大学首任校长，翻译出版《天演论》，带领近代中国人放眼看世界的启蒙思想家。中国近代史上向西方国家寻找真理的"先进的中国人"之一。

林旭，"戊戌六君子"之一，维新派人士。梁启超形容他"其于诗词、散文皆天授，文如汉魏人，诗如宋人，波澜老成，瑰奥深佽，流行京师，名动一时"。

林觉民，接受、传播、实践民主革命思想，推崇自由平等学说。起义失败后，不幸被捕，慷慨就义，成为黄花岗七十二烈士之一。绝笔《与妻书》让无数人泪流满面。

冰心，中国诗人，现代作家、翻译家、儿童文学家、社会活动家、散文家，无数读者的知心朋友。

林徽因，著名建筑师，诗人、作家。人民英雄纪念碑、中华人民共和国国徽的设计者之一。《你是人间的四月天》早已为大众熟知，如今仍广为传诵。著名建筑学家梁思成的第一任妻子。

让我们一起走进三坊七巷，倾听历史的回音。

目录

林则徐

苟利国家生死以

一

1785 年 8 月 30 日，乡村秀才林宾日迎来了自己大喜的日子，儿子呱呱坠地。不过，林秀才实在高兴不起来。自己以"舌耕"为生，多出一个儿子，对自己来说，实在是肩膀上又多了一副担子。

孩子出生的那天夜里，林宾日做了一个梦，梦里看到一只凤凰在空中飞舞。第二天，在为孩子取名字时，突然想到南朝才子徐陵，那人有着"天上石麒麟"的美称。没有多想，便做出决定，给孩子取名"则徐"。

林则徐祖上四代，既无科名，更无官职。为了度日，林家在外面借了不少的债，林宾日每天睁开眼，就有一大堆利息等着他去偿还。

尽管债务淹到了脖颈子，林宾日还是每日里醉心举业，埋头攻读"四书""五经"，不甘心因贫废学。在左营司巷，林家典来一间小屋，林宾日在屋里苦苦读书。

功夫不负苦心人，29 岁那年，林宾日县试第一，中了秀才。第二年经过岁试，补为廪生。此后，林宾日参加乡试，每每落选。

林宾日一共养育八个女儿。为着生活，林宾日当起私塾先生。

四岁，林则徐开启了读书生涯。"破屋三间，一灯在壁。屋外朔风怒号，屋内长幼以次列坐。天寒地冻的深夜，我们兄弟姐妹坐在灯下读书写文章。脚都冻痛了，手都冻裂了，我们全然不顾，坚持读到漏尽鸡鸣。"

一天，父亲林宾日想试一试学生的才华，出了一个上联，"母鸭无鞋空洗脚"，林则徐随口应道，"公鸡有髻不梳头"。林宾日心中暗暗惊奇，这孩子莫非是一个天才？

又有一天，林宾日出了一个试题。"以山、海二字为题，做一篇七言联句"。其他学童冥思苦想之际，林则徐开口说道："海到无边天作岸，山登绝顶我为峰。"

多么宏大的意境！林宾日听了，心中暗暗称奇。

1796 年，12 岁的林则徐，参加这一年的岁试，得中郡试第一。随后被鳌峰书院录取。

林宾日教书的收入微薄，林家生活清苦，大年三十，全家才能吃上一餐素炒豆腐。除夕之夜，油灯才有两根灯芯。"往往漏尽鸡号，尚未假寐"。清贫的生活，更加激起林则徐发奋攻读的决心。

一次，林则徐看到父亲把米送给穷困的三伯父，全家人不得不忍饥挨饿几天。后来当官时，林则徐还记得父亲那天特别交代的一句话："汝伯父来，不得言未举火。"从父亲的为人里，林则徐学会了接济穷人。

一天晚上，全家人吃晚饭的时候，餐桌边，父亲大声地说着一件事："闽浙总督伍拉纳、福建巡抚浦霖、按察使钱受椿，长期以来，贪赃枉法，现在终于被革职拿办。"看着父亲满脸的愤怒，林则徐的心中，种下了痛恨贪污腐败的种子。

林则徐在鳌峰书院学习七年，写下大量读书心得。"岂为功名始读书？""以立志为先。"可以看出，青年林则徐的人生目标，已经超出同时代一般的读书人。

1804 年，林则徐 20 岁，这一年的秋天，他顺利地考中举人。就在这一年的腊月，父亲兴奋地给他张罗一门喜事，与 16 岁的郑淑卿①结婚。

1805 年开始，林则徐踏上进京会试的征程。会试名落孙山，林则徐走上父辈的老路，当起私塾先生。

一天，秋高气爽，全家人正在吃午饭，一位送信的官差走进林家大门。官差送来厦门海防同知房永清的聘书，聘请林则徐担任书记官（文书）。

林则徐担任书记官的这一年，英国输华走私鸦片已经达到 4300 箱。鸦片已经流入福建沿海地区。文武员弁、士子兵丁之中，"已皆有嗜鸦片之癖"（注意"皆"字）。每年流出的白银达数百万两。鸦片，已不是一个小小的社会问题，开始成为严重的社会问题。

厦门海防同知管理商贩、税收，发放兵饷，听断地方词讼，管理洋船出入。林则徐担任书记官，多方面接触到鸦片流毒造成的社会问题。后来，到广州查禁鸦片时，面对外国鸦片贩子，林则徐当面说："本大臣家居闽海，于外夷一切伎俩，早皆深悉其详。"

1807 年，福建巡抚张师诚发出聘书，招聘林则徐进入幕府。

在张师诚的官府里，最为显眼的一面墙上，林则徐看到一副对联："官爱民如子弟，民视官如父母。"

在张师诚身边工作，林则徐亲眼看到张师诚出重拳打击花会

---

① 郑淑卿的父亲是郑大谟，福州朱紫坊名儒，曾任河南永城知县。

（赌博团体），亲耳听到张师诚"农田水利，当思清理之法"，"淹禁
滥押之囚，当思清理之策"。林则徐敬佩张师诚，在内心深处，开始
建立清官的形象。

1811 年，林则徐第三次进京参加会试。殿试二甲第四名，赐进
士出身，选入翰林院庶吉士。林则徐一双手推开清朝官场的大门。

九年的时间过去了，1820 年 3 月 21 日，林则徐终于接到升官的
喜讯，出任江南道监察御史。

刚刚到任就发现，福建澎湖水师副将张保，疏于职守，在官不
作为。4 月，林则徐向皇帝送出一本奏章，严劾张保。就在这时，得
到消息，河南马营坝决口，随即又得到消息，仪封南岸决口。林则
徐立即前往察看。

来到这里，发现此地的材料商贩乘机囤积填岸的沙石材料，严
重影响河工施工的进度。5 月，林则徐向皇上捧上奏章，弹劾河南巡
抚琦善处置失措，建议地方官员"平价收买沙石材料，以济工需"。

两次看到林则徐的进言，嘉庆皇帝有一个感觉，林则徐是一个办
事认真的人。这人不但能看出问题，而且能策划出解决问题的方案。
6 月 3 日，皇帝做出决定，实授林则徐任杭嘉湖兵备道①，外擢浙江。

1820 年，嘉庆帝病死，道光帝继位。

林则徐实地察看海塘时，发现大的问题，"旧塘于十八层中，每
有薄脆者搀杂"。某个薄脆的地方一旦垮塌，在海潮的强力冲击下，
后果不堪设想。林则徐做出决定，重修海塘。"新塘采石，必择坚

---

① 杭嘉湖：杭州、嘉州、湖州。兵备道：分理辖区军务，监督地方军队，
管理地方兵马、钱粮和屯田，维持地方治安等，正四品。

厚"，"较旧塘增高二尺许，旧制五纵五横之外，添桩石"。修塘方案得到浙江巡抚陈若霖的支持。

刚刚完成海塘重修工程，林则徐发现，不少民众爱上花会赌博，许多人沉迷其间，更多人因此败尽家财，妻离子散。花会赌博已经成为严重的社会问题，政府必须采取措施，否则，花会赌博这个毒瘤会越长越大。

进一步调查，林则徐发现，花会赌博之所以在社会上盛行开来，与官员纳贿纵容有关。开设花会赌场的老板，向政府官员送黑礼，政府官员暗中保护，为花会赌场的老板撑起保护伞。

这些官员就像一个瓷瓶，这些赌场老板就像瓶里装的毒药，我该如何办？林则徐反复思考，寻找砸碎这个瓷瓶的石头。

一天，在审阅累积的案件卷宗时，林则徐突然发现，砸碎这个毒药瓷瓶的石头摆到了眼前。

以涉及花会赌场的重大案件为抓手，一方面，派出人员，以迅雷不及掩耳之势，迅速捉拿两起花会大案的要犯；另一方面，发出禁令，严禁开设花会赌场。对包庇花会的官员，革职惩办。

道光皇帝看到林则徐在杭嘉湖努力作为的奏报，十分高兴。1822 年 10 月，决定升林则徐为浙江盐运使。1823 年 2 月，再升林则徐为江苏按察使。

按察使主持一省的司法讼狱。林则徐到任时，省里积压的各类案件，已堆成了小山。仅京控案件，就达三十多起。

为什么有如此之多的案件积压在省里不能审结？深入一步调查，林则徐发现，主要有四个方面的原因。一是地方上，窃匪横行，案件越来越多。二是审结程序复杂，官员审结案件的时间不得不拖长。

三是有一批人（讼棍）专门靠操纵讼事赚钱，这批人，有的是讼师，有的是有钱有势的土豪、劣绅；案件审结的时间拖得越长，他们赚钱的机会、环节就越多。四是官府里有一批贪官污吏，这些官员，吃了原告吃被告，把原告被告当作生财之源，故意拖长案件审结的时间，以便从中敛财。

从官员到讼棍，从土豪、劣绅到原告、被告，暗中形成一条条利益输送链。"我这里拳头砸下去，决不会一蹴而就。"摸着手中的茶杯，林则徐缓缓地想着，"我得从几个方面下手，重拳砸断这一根根链条。"

林则徐做出决定，重新制定章程，达到简化审结手续的目标。随即宣布，自己亲自断案（一切谳牍，皆出亲裁，不肯稍有假手）。对于州县命案，林则徐提出要求，"尸伤检验，长官须亲自动手。细辨轻重，不准任听唱报"（责任到主管官员）。

对于武断乡曲的土豪、劣绅、讼棍，林则徐发出严令，"严办诬告，力拿讼师"。

四个月的时间，将重大案件，成功处理十分之九。

审理案件的过程中，林则徐发现，案件的多发频发，与一批人有重大关系。这批人"包揽妓船，开设烟馆，要结胥役，把持地方"，当时的"地方黑恶势力"。

我这么努力地审案，只是治标。这批"积蠹有名之棍"，才是罪恶之源。一天晚饭后，林则徐反复地思考这道社会难题，得出一个结论：对这伙人，决不可手软。

林则徐做出决定，派出一批人手，"取缔烟贩，搏击豪强；密访严拿土豪恶棍"。

林公作为博得百姓广泛赞誉，"民颂之曰林青天"，林则徐心中十分高兴。我这是为皇帝、为百姓做了点事，皇家的这碗饭，没有白吃白喝。

1823 年夏天，半个多月的时间，江苏地面暴雨如注。湖堤江坝长期受高水位浸泡，到了 9 月份，多处崩破，湖水四处奔腾。

9 月份是稻谷收获的季节，这一年，临江濒湖三十多个州县的稻田全都浸没在水里，稻谷收不上来。百姓的房子淹了，稻谷淹了，失去生机的饥民，包围松江府，高喊"豁减租赋，发米赈灾"。

这天夜晚，林则徐正准备上床睡觉，突然听到消息，"江苏巡抚韩文绮，利用夜色调动兵马。两支部队悄悄向松江府方向移动"。

他这是要用武力驱散饥民。林则徐心头一紧，睡意全无。他这样做，只会有一个结果，激起民众造反。

想到这里，林则徐披衣起床，连夜赶往松江府。第二天清晨时分，到达松江府，立即向韩文绮提出方案，"免关税，缓征赋，赈饿者"。林则徐出面，听取灾民意见，安抚灾民情绪。

稳住灾民人心，避免一场灾民起义。

这一年年底，道光翻看林则徐的履职报告，认定林则徐在安稳灾民、处理积案、治理地方黑恶势力三个方面，做出了成绩，遂做出决定，晋升林则徐为江苏布政使。

1824 年正月，林则徐接到升官的喜讯，立即上任。认定当前最紧急最重要的工作，是全省赈灾。上任伊始，首推之事便是，从淮北购买麦种，"散播各乡，补种灾田"。

办公桌上摆着三份文件，"地主、奸商乘机囤粮，米价暴涨"，

"江宁、震泽一带，大地主抗拒捐赈"，"四处都是无粮可食的灾民，啃树皮吃草根。这些人群，已经出现动乱的迹象"。

饥岁凶年。看着桌面上的社情报告，林则徐头脑里转着这个词语。必须用重拳，调动社会上各方面的力量，才能跨过这道坎。拿起笔来，林则徐在纸上写下四行字。

第一，发出命令，严禁贫民借荒"滋扰"。这是治标。

第二，政府"劝谕"官吏、地主捐赈。这是目前的治本之策。有粮才能最终解决眼前的难题。有钱有粮的官吏、地主必定抗拒。必要的情况下，政府采取强硬措施。

第三，发出告示，劝谕殷富平粜（平价出售大米）。政府官员组成平粜劝谕大队，上门规劝。

第四，对牙行、铺户发出最严令，严禁他们囤米抬价。对这些商户，破坏禁令者，露头就打，决不手软。政府组成严令执行队，专门盯住这些商户。

这是特殊时期，当采取特殊措施。林则徐想道。

一天，得到消息，"户部尚书潘世恩，在家丁忧[1]"。"潘家收藏有万石米粮。"

这才是真正有影响力的大户人家。打开潘家粮仓，那些持观望态度的官吏，那些不见棺材不落泪的富户，必定受到震慑。后面的工作，则可势如破竹。想到这里，林则徐做出决定，亲自上门。

"林大人来得不是时候啊，我家粮仓最近都空了。"潘世恩一面命家人给林则徐递茶，一边说。

---

[1] 父亲或母亲病亡，官员在家为父母举丧度假，称丁忧。

"仓库都空了的话，官府就借来用用吧。从外面采购来救急的粮食，正愁着没有地方存放。"林则徐笑着说道。

回到官府，林则徐发出命令，将潘府所有粮仓全部刷上官府封条。打开潘家存粮的仓库，散仓米赈济饿民。

望着粮仓前的人群，望着饥民们手里装粮的袋子，潘世恩无可奈何。

接着听到消息："林则徐发出命令，招徕川、湖米客。外地来的米客与当地米贩竞争，米价自动下跌。"几天后，又听到消息，"林则徐发出命令，官府出面，资送饥民，留养病民，收养小孩，捐衣养佃，出借种子"。

接着又听到消息，皇帝接受江、浙两省官绅的推举，任命林则徐总办两省七府水利。潘世恩望了望天空，嘴里缓缓说，灾难时期，他成功安稳一方。这是上天送给他证明能力的机会。道光皇帝信任他，赏识他。

看着总办江浙七府水利的圣旨，林则徐脑子里思考着一个问题。为什么江苏、浙江两省的水害这么严重，老天连续下几天大雨，地面就一定成灾？

原因既在于天上落下的雨太多，更在于地面上的泄洪不畅。如果地面江河下泄通畅，天上雨下得再大，也不会轻易成灾。沿着这个思路，林则徐把眼光盯上三条大江，吴淞江、黄浦江和娄江。

他迅速组织人手，对三江水道进行测量。一个结论很快形成，三江年久失修，水道严重淤塞。河床抬高，水流不畅。

在测量数据的基础上，林则徐组织人手，制订出一套疏浚方案。随即调动河工，对三条大江按方案清除淤泥。

1828 年正月，林则徐得到父亲病亡的消息，随即按规定，回福州守制丁忧三年。

守制期间，林则徐敏锐察觉到，福州西湖严重失修。有的地方被山水冲击，山上的沙石冲入湖中，造成湖身埋塞；有的地方，被沿湖的强梁豪右围占，将岸上的积土推入湖中，湖身越缩越小。

林则徐立即动身，找到闽浙总督孙尔准、福建巡抚韩克均，建议重浚西湖。

建议案被采纳。孙尔准调拨维修款项，韩克均邀请林则徐、陆我嵩（海防同知）、陈铣（闽县知县）共同组成西湖重浚领导小组，分工负责。

工程竣工后，林则徐特意安排人手，在岸堤上栽种一千株梅树。同时请来工匠，精制两只游艇，供福州市民在湖中玩赏。

1830 年 10 月，林则徐丁忧期满，接旨任湖北布政使。1831 年 4 月，调任河南布政使。

这一年的夏天，江苏水灾严重，江北村庄田庐荡然无存，全部浸泡在水中。省会江宁被水淹浸。

8 月，林则徐邀请、配合江苏官员到河南采买米麦，运回江苏平粜。

两江总督陶澍得到消息，十分赞赏林则徐务实的工作作风，上奏皇帝，请求调林则徐到江苏主持灾赈事务。8 月 21 日，皇帝下旨，调任林则徐为江宁布政使。

林则徐南下，一路采买小麦 2 万石，运回江苏赈灾。

11 月，年终考核时，皇帝看了林则徐的履职报告，得出结论，林则徐出膺外任已历十年，品学俱优，办事细心可靠，当即下旨，晋升林则徐为东河河道总督。

东河河道总督管辖山东、河南两省境内黄河、运河的防修事务，责任重大。黄河河段，防备堤岸被大水冲垮；运河，是南粮北运的动脉。

1832年2月上旬，工段查验时，林则徐发现，河床被挖得东深西浅。找来主簿徐恂，林则徐说道，"河床西浅东深，天长日久，淤积堵塞，河身变窄"。当即宣布，"摘去徐恂顶戴，以白领之身，重新督查修建河道。视其情况，决定去留"。

2月下旬，查验河南东部黄河两岸的料垛，在蔡家楼发现垛底材料潮湿，林则徐当即做出决定，"厅同知于卿保撤任，赔补损失"。

3月初，得到消息，"十六堡存秸五十六垛失火被烧"。林则徐下令，"商虞厅补齐秸垛，不得烧多补少"。随即动身，察看现场。做出决定，"处分负责监督的委员、兵丁"。

反复查看黄河入海口的情况，林则徐做出方案，"黄河改由千乘即利津河入海"。

1932年7月，林则徐接到皇帝的谕令，"升任江苏巡抚"。

"江苏一带，连年水灾，我这个巡抚，就像个救急队长，灾荒岁月，四处买粮，穷于应付。"一天，林则徐坐在院子里，缓缓地想着。"有没有办法，提高农民的收成，让他们在灾害之年，家有余粮呢？"

"我的家乡福州，农民一年种早、晚两季水稻，而江南一年只种一季稻。如果也种两季稻，这里的农民，一年之中，同样的田地，不就有两倍的收入吗？"

沿着这个思路，林则徐派出人手，从湖南、家乡福州，分别买进早稻、晚稻种子，又请来几个人手，在抚署的后园开出一片稻田，进行试种。

试种结果，大获丰收。林则徐请当地的农民前来观看。一些有兴趣的农民，纷纷从林则徐那里买进早、晚两季稻种，进行试种。

如何才能快速推广呢？林则徐想到同学李彦章。

"老同学，你知晓早、晚两季稻的种收之法。今天请你来，我想请你动笔，编印一部早、晚稻栽种的农书。我的目的，在江南推广早、晚两季稻种植。"

1834 年 3 月，李彦章将农书——《江南催耕课稻编》编写完成。林则徐十分高兴，当即作序，随即拨出资金，付印发行。

为什么每年都有水灾？江苏省的所有官员，一到雨季，全部的精力，都投入到抗涝赈灾中。有没有办法，降低、减轻甚至消除涝灾？林则徐把眼光盯住江苏境内的几条大河。花大力气整治内河，河水通畅，天下大雨、急雨，雨水也会顺着河道流向大江，流向大海。

派出人手，经过实地丈量，治河领导组不久制定出刘河、白茆河、丹阳运河、练湖挑浚方案。缺少资金，林则徐带头捐水利银一千两。

不单单是施工环节，派出得力人手监督，验收环节也是关键。该如何把好竣工验收关呢？林则徐想出一套办法。

安排专门的时间，林则徐走进工地，每查勘一处，就暗中做上记号。"凡树石、桥梁、步头，皆予锲暗记。"验收时，林则徐前往工地，根据"暗记"，亲自量验。"或奖或斥，人人惊服。"

二

林则徐在江苏着力推广早、晚稻种植，花大力气修治河道、湖泊，此时的英国，正在轰轰烈烈进入资本主义新时期。

英国已经征服东方的印度，把印度变成殖民地，从印度掠夺了无数的钱财。接下来，英国资本家的眼光，紧紧盯住东方的另一个大国——大清帝国，第一步，是考虑如何推开这个海关紧闭国度的大门。

1831年，一伙英国商人在无意中发现，他们突然之间，找到了打开这个大门的"黑金钥匙"——鸦片。

英国枢密院接到东印度公司驻广州"大班"律劳卑的"黑金钥匙工程"报告，审慎研究之后，做出重大决定，在东方大国，保护并扩大"最安全和最具绅士气派的生意"（鸦片贸易）。

在英国政府共谋与保护下，1837年，3.9万箱鸦片（价值2500万美元）成功销往中国。马克思在他的著作里写道，"1834年，也像1800年、1816年、1824年一样，在鸦片贸易史上标志着一个时代。东印度公司不仅在那一年失去了经营中国茶叶的特权，而且必须完全停止一切商务。由于东印度公司从商务机关改组为纯粹的行政机关，对华贸易就向英国私人企业敞开了大门，这些企业干得非常起劲，尽管天朝政府拼命抵制，在1837年还是把价值2500万美元的39000箱鸦片顺利地偷运进了中国"。

每到西南季风在海面上刮起来的时候，载满"公班""白皮"字样烟箱的海船，纷纷拉起桅杆上的船帆，从印度的各个港口出发，前往零丁洋集结。

零丁洋里的趸船边上，靠满这样的船只。它们等着中国买主们前来收货。

在中国，鸦片毒贩们早已织成一张接一张的贩烟毒网。在这些毒网里，你可以看到烟贩、官吏、兵丁忙碌的身影。"仅闽越之民，不下数十万。"

腰挂"缉私"腰牌的官吏、兵弁，白天坐在办公室里，摆着一张张严肃的面孔。到了晚上，收起腰牌，换上便服，在酒楼的包间，醉红着脸膛，坐在酒桌旁边的靠椅上，笑容满面收受烟贩们弯腰送来的现银。

1838年6月2日这天，天气比往年这个时候似乎更加燥热。道光皇帝翻看大臣黄爵滋送来的一本奏折，标题上的几个字，让道光有些吃惊。《请严塞漏卮以培国本折》，小小的鸦片，与国家的根本，也能联系起来？道光立即翻开奏折，"数年之间，银价愈贵"的原因，居然在于鸦片大量输入大清。"耗银之多，源于贩烟之盛"，看到这几个字，道光心中渐渐明白过来，大清地面，几代以来，没有战争，然而，整个国家却越来越穷困，根源在于，国家产出的白银，很大一部分被鸦片贩子送到国外去了。

道光抹一下额头的汗水，提起笔来，在奏折的后面，写下一行批文：盛京、吉林、黑龙江将军，直省各督抚，各抒所见，妥议章程，迅速具奏。

11月9日，天气已经很冷了。这天，道光帝收到林则徐送来的奏折，看到奏折里的一句话，惊出一身冷汗，"鸦片如此盛行下去，遇有战事，皇帝手中，几无御敌之兵，亦无充饷之银"。（数十年后，中原几无可以御敌之兵，且无可以充饭之银）官兵吸食鸦片，两手拿不动刀剑，两脚跨不上战马；白银都到了洋人的手里，战事开始时，国库没有银两，拿什么置办粮草？

"鸦片，果然是动我国之根本啊！"道光突然想起黄爵滋的奏折里"培固国本"那几个字，立即下令，"宣林则徐进京，商议禁烟办法"。

12月22日，林则徐一路北上，到达安肃县。琦善已经得到消息，匆匆忙忙从京城赶来，找到林则徐。在林则徐下榻的宾馆，琦善说道，"鸦片烟是毒品，一定要严禁，但是，务必谨慎从事。据我了解到的情况，禁烟可能会引起边衅"。边衅，即国际战争。

从这份资料里可以看出，琦善已经掌握不少外国鸦片贩子的资料，否则，他怎么可能预见到英国政府因为中国严禁鸦片之故，极可能发动一场国际战争？

林则徐没有理会琦善的担心，继续向京城进发，觐见皇帝。

26日，林则徐到达北京。在北京住了八天，接受道光皇帝八次高密度接见。"国初以来未有之旷典。"两人详细讨论禁烟方案。

无论是道光皇帝，还是林则徐，都没有把"禁烟可能引发国际战争"列入思考、讨论的范围。

林则徐的禁烟方案，从开始时"重治吸食者"，渐进升级到"断绝鸦片来源"。从"民族自救自律"升级为"反抗外国鸦片侵略"。

林则徐受命为钦差大臣，随即南下广州，实施严禁鸦片的重大国策。

1839 年 1 月 8 日，林则徐启程南下。一路上，接连做了两件事。派出旧属马辰，"请你日夜兼程，先行赶赴海口，代访夷情"。专业说法：搜集情报。接着下令彭凤池："请你留在广州，就近查找鸦片根株。"仍然是搜集情报。寻找鸦片的根源所在，株连所及。

21 日，两广总督邓廷桢得到消息，"钦差大臣林则徐赴粤查禁鸦片"，心中十分高兴。"这几年来，我们截获十多起出洋纹银案，然而漏银局势如江河直下，不可遏止。现在，皇上终于派出林则徐来筑这条堵住白银外流的大坝。"

邓廷桢立即召集广东巡抚怡良、水师提督关天培，三人会商，做出决定，这一次一定要协助林则徐，"扫除疮痍，共培元气"，"截流断源，共挽狂澜"。

邓廷桢迅速动手，调遣大鹏营、香山协两标水师，发出命令，"你们两标水师，在零丁洋上轮流巡逻，堵截鸦片烟船，一旦发现目标，立即追拿鸦片罪犯"。

在广州，两标水师先后破获私开窑口案 141 起，拿获罪犯 345人，收缴烟枪 10157 杆。

2 月 21 日，林则徐到达江西地面，接到邓廷桢派人送来的一封信。拆开信件，看到里面一句话"协力同心，共除中国大患之源"，林则徐十分高兴。中央政策得到地方政府领导人支持，必定有戏可唱，有矿可挖，再大的洪水，也必定能筑坝可堵。

一天，林则徐正在往南赶路，门生张浦云求见。"我在广东住了八年，听说您前往广州查禁鸦片，我十分激动，连夜动笔，把我了解到的毒贩、贿纵犯的姓名、住址、罪状，全都开列在这个小本子里。"两人一见面，张浦云刚刚坐下，喝完林则徐递过来的一杯茶，双手送出一个记事的本子来。

"好，好，我这是要什么来什么。这是最好的见面礼。你来说说，你在广东看到的情况。"林则徐一边翻开本子细看，一边竖起耳朵听张浦云说话。

24 日，双脚在江西地面上行走，林则徐派快马向广东布政司、按察使司发出一道密令：速即派出人员，改成便衣侦察，分路查探毒贩、贿纵犯。出其不意，拘拿嫌疑犯。这项工作一定要快速、秘密，不能等我到了广东地面，还没有完成。这些重要人犯，如果不提前捉拿，等我到了广州，他们侦知消息，必定逃之夭夭。那样的话，将会埋下重大隐患。

广东布政司、按察使司接到指令，迅速行动，捉拿各项嫌疑犯71 名，捕获吸毒贩毒人犯两千多人。

看着一个又一个同行突然之间被官府捉拿，广东鸦片贩子之间，立即传开一条消息，"林则徐行将到粤，具单捕人"。

得到消息，英国大鸦片贩子查顿在第一时间逃回英国。大鸦片贩子颠地立即动手，做逃回英国的准备。得到消息，英、美23 艘鸦片趸船，移出零丁洋。

26 日，广州官府对烟贩冯安刚执行绞刑。英国商馆，降下英国国旗，以此抗议。

3 月 10 日，林则徐到达广州。邓廷桢、怡良、关天培等官员前往迎接。美国人威廉·亨德站在边上，看着这一场面，脑子里闪过一个念头，一场大的风暴就要来临。回到家里，在日记里，他写道，"从不远的地方望过去，林则徐有着庄严的风度，表情略为严肃，眼光中透露着坚决。须黑而浓，身材肥大，年龄大约六十来岁"。

　　刚刚安顿下来，林则徐立即召集邓廷桢、怡良、关天培开小范围会议。

　　林则徐说："我一路走来，一路了解情况，一路思考。据我所知，广东之所以几十年间如此广泛地兴起鸦片贩卖、吸食，原因只有一个，外国鸦片贩子到广东贩卖鸦片。"看到大家都在听，林则徐继续说："以前，我们的办法是重治吸食者，这条路子，这么些年来的实践证明，走不通。那么，诸位，我就在想，我们要走到另一条道路上去。这条路，简约地说，断绝鸦片来源。"

　　"我赞同。这是一条我们从未走过的路，但我坚信，这条路走通了，我们就赢定了。"停了一停，邓廷桢喝下一口茶，接着说道，"我们必须做一项工作，把那些鸦片趸船消除净尽。"看了看大家的眼神，邓廷桢继续说："我已得到准确的消息，那些鸦片趸船眼下驶离零丁洋。他们只不过暂避一时，避避风头。如果我们不把他们彻底捣毁掉，要不了多久，他们又会悄悄地开过来。这样反复下去，就没有一个终结的时候。"

　　大家听了，全都静默起来。所有人都知道，这样大的行动，这样远距离的海洋征战，大清水师以前还从来没有打过。大家心里更加清楚，这项大规模海洋远征的军事提案，要真正通过的话，那是必须皇帝亲自拍板。

　　"我们首先能做的，可以采取两个拳头同时出击，晓以理而怵以威，逼鸦片贩子交出他们在趸船上囤积的鸦片。"广东巡抚怡良说道。

"这一步，我们首先做起来。"林则徐说，"我来一一约谈十三行①的老板。"

无论约见怡和行还是广利行，对着这些行商的老板，林则徐说出同样一席话，"以前，外国商船偷偷携带鸦片，那只是逃税行为。现在不一样，外商进口船只现在偷偷携带鸦片，那是侵犯我大清帝国的重大政治利益。鸦片贩子侵犯的，不再是经济利益。你们要让鸦片贩子认识到问题的严重性"。

"以前，贩卖鸦片，只要补交关税，罚点钱就过去了。现在，贩卖鸦片，不再是经济问题，已经上升为政治问题。外国鸦片贩子再来大清贩卖，就必须拿性命来换。触犯大清的禁烟法令，就得处以死刑。在我林某人这里，鸦片贩子花再多的钱，也是买不到命的。"

"还要请你们带一句话给外国鸦片贩子。以往，某位官员来禁烟，过三年、五年，这位官员调往他处，禁烟之事就不了了之，鸦片贩子们又有生意可做。这一次，他们碰到一位狠角色。若鸦片一日未绝，本大臣一日不回，誓与此事相始终，断无中止之理。"

"我们大清国，只是禁烟，其他正常生意，一切照常。外国商人尽数缴出趸船上所有的鸦片，并且具结'嗣后来船，永不敢夹带鸦片'的保书，即可开展正常的生意往来。"

21 日，是林则徐指定的缴烟日期的最后一天。这天，颠地做出

---

① 十三行，皇帝特许与洋商做生意的商行，类似于当代的经济特区。

决定，成立委员会，对林则徐的谕令加以研究。委员会讨论后，当天给出一个答复，"七天内做出缴烟报告"。

很快，颠地接到了林则徐的答复："如果不马上给出明确的答复，如果不上缴鸦片，明天早上十时，我亲到十三行公所，先审讯洋商，正法一二。"

看着林则徐的回信，颠地有一个强烈的感觉，林则徐这人态度坚决，就像一块石头，用泥用水都是浸不烂的。

晚上10点，"外侨商会"召集会议。大家研究之后，得出一个结论。林则徐这人不接受贿赂，而拖延的办法，抵赖的手段，全都无济于事。那么，只有一条路子可走，捐凑1018箱鸦片，上缴，看看林则徐那边的反应，看看能不能蒙混过关。

22日上午，看着外国鸦片贩子呈缴的鸦片，林则徐心中有些高兴。这些鸦片贩子果真是不见棺材不落泪。正在这时，他接到番禺知县送来的一份消息，"美国鸦片贩子想多缴鸦片，颠地阻挠。颠地带的烟土最多，他不打算上缴他自己的烟土"。

看着这份消息，林则徐发下命令，"传讯颠地"。

住在澳门的酒店里，看着桌面上钦差大臣林则徐谕帖的抄本，摸着手里的茶杯，英国商务监督义律的心中，缓缓地想着一件事，该运作什么手段，让林则徐缴烟的命令去见鬼。

一杯茶喝下去，一道方案想出来。义律立即发出一道命令："停泊洋面的所有英国船只，全部开往香港。船上悬挂英国国旗，做好抗击清军水师的准备。"你林则徐不是要把经济冲突升级为政治冲突吗？那好啊，我就把政治冲突升级为军事冲突。制造出中英两国之间即将展开军事冲突的事实。

随即发出第二条命令，"所有英国商人，全部从广州撤出"。你林则徐不是要把贸易冲突升级为政治冲突吗？哈哈，我就打造出中英之间贸易完全断绝的事实。看你如何向你们的皇帝交代。

24日黄昏时分，义律返回广州，派出手下人员，立即执行上面发布的两条命令。

得到英国船只正准备开往香港的消息，林则徐发出命令，"停泊在黄埔的外国货船，暂行封舱，停止贸易"。接着向洋商发出谕令，"外国烟贩立即上缴全部烟土，倘若违抗，永远封港，断绝贸易"。

义律正召集英国商人们开会，突然传来消息，"商馆里所有中国买办、工役，奉了林则徐的命令，全部撤走了"。

"工人杂役都撤走了。烹调、洗衣、扫地，这下可怎么办？"一个肥胖的商人喊道。

会场有些失控，一些人开始骂娘。

一个人走进会场，送来林钦差的一份告示："从今往后，中国人卖鸦片者要处死，吸鸦片者也要处死。岂内地民人该死，而尔等如若继续贩卖鸦片，岂独自存活乎？"

"尔等畏罪改悔，迅速全数缴出趸船鸦片。我国政府不追既往，恢复正常对外贸易。

"倘佯为不知，甘心贻误，是其孽由自作。

"奉劝诸位，即行了断鸦片一物，贩卖别项正当商品，其三倍之利自在，尔等仍可致富。既不犯法，又不造孽，何等自在快活！如若因鸦片毒物而闭市，尔等生计全无。请诸君细细思量，果断作出决断。切勿贪那不义之财，付之法律之时，命送黄泉。害人害己，悔之晚矣。"

商人们经过整整一夜的争吵，27日凌晨6点，义律宣布，以英国政府的名义，向中国政府转交英国商人们缴出的鸦片。

28日，看到义律呈报的数字20283箱鸦片，林则徐立即发出命令，"派出人手，为断供五天的外商送上二百只羊和食物，以示犒赏"。

29日凌晨，林则徐突然接到义律派人送来的表示感谢的一封信。"我们这些商人，现在像囚犯一样，被禁锢在商馆里。这样下去，外洋趸船恐怕不肯顺从缴出鸦片。"

看到这几行字，想起这些天来对英国鸦片贩子实行封舱、包围商馆等办法，林则徐立即有一个感觉：义律这人，又在找借口，找理由，达到不缴烟的目的。

林则徐立即动笔，"速即将鸦片交官。速速谕知各趸船，赶紧呈缴"。"一经缴足数额，中英贸易、英国商人待遇，即可恢复正常。"

30日，收到义律回信，"趸船缴烟具体事项，由副监督参逊办理"。

看着这封回信，林则徐发现其中一个隐藏的问题，既要防止义律拖延抵赖，又必须督促烟贩交出鸦片。

想到这里，林则徐启动两项措施。第一步，发出命令，商馆的防守，加强加严，眼下决不放松。第二步，同意参逊招徕趸船交出鸦片。同时，给出解除戒严的条件：缴出鸦片四分之一，则允许雇用买办、工役；缴至半数，则开禁查封的船只；全部缴完，开舱贸易，一切照常。

4月3日，参逊通知趸船驶往指定的地点龙穴岛缴烟。

林则徐登上沙角炮台，调度各部官员，收缴趸船烟土。

5月18日，趸船鸦片全部收缴完毕，相比原定数字，多收缴1000多箱。

道光皇帝接到林则徐收缴鸦片的奏报，作出指示，"督率文武官员，公同查核，目击销毁，俾沿海居民及在粤夷人，共见共闻，咸知震詟"。

林则徐设计长宽各15丈的方形大池，采用海水轮流浸化的方案。6月3日，在广东巡抚怡良等人的陪同下，首先祭告海神，接着宣布，虎门销烟开始。

一群民工，在池中撒下盐巴，将鸦片切成小瓣，抛入池内。接着，民工们抽取闸门，将海水放入池中。一担担早就准备好的石灰倒入池中，顿时，销烟池水沸腾起来。

附近围观的群众，有的高声欢呼，有的热烈地鼓掌。夕阳西下时，已经销毁的鸦片渣沫，随着水流，流向大海。

整个销烟历时20天。6月25日，林则徐、邓廷桢胜利销毁收缴的鸦片，离开虎门，返回广州。

三

林则徐非常忙，忙着采取种种措施，督促、帮助广大的鸦片吸食者戒除毒瘾。林则徐要求各地政府刊载、张贴《禁烟章程十条》，免费印发各种断瘾药方。

林则徐组织广州城戒烟大队。大队人员张贴速戒鸦片告示，上门收缴吸食者手中的烟土、烟枪，督促吸食者服药除瘾。"凡家人骨肉、戚友乡邻，全部动起手来。夺其毒物以祛其所嗜"，号召全社会形成"一人之瘾，众人断之"的政治局面。

国内1600名毒贩、吸食者纷纷落网。收缴烟土46万两。收缴大量的烟枪、烟锅。

是不是这些商人交了他们手中的鸦片，就允许他们立即正常经商，立即恢复正常的贸易秩序？看着那些堆得像小山一样高的鸦片，看着销烟池里沸腾的石灰与鸦片混合的黑水，林则徐的头脑里，反复地问着这个问题。

这一次，面对我国的高压政策，这些英国商人、美国商人交了他们的鸦片，下一次呢，他们还可以用船偷偷地运送过来。

有没有办法彻底断了洋商心中那条偷运鸦片的恶根？

林则徐终于想出这个办法，简约地说，这个办法为"拿命来换"。林则徐告知每一位来大清做生意的英国、美国商人："现在你们可以做正当的生意，在第一笔生意开始之前，请在一份保证书上签一下你们的名字，就可以了。"

商人们拿到这份清政府出具的保证书，打开一看，里面一句话，吓出一身冷汗，"此后来华做生意，永不携带鸦片。如有带来，一经查出，货尽没官，人即正法"。

商人们炸开了锅，立即跑来找商务监督义律。"请英王派来的义律监督为我们做主，这份保证书，无论如何我们不能签，签不得。"

义律细细看着保证书，当着众人的面，伸出一双白净的手来，将保证书当场撕得粉碎。

"林则徐这是得寸进尺。昨天要我们缴鸦片，我们交了；今天要我们签保证书，如果我们签字的话，明天不知还会玩出什么新花样来。"义律一边撕，一边高声地说，"我们要抗议，全体一起抗议，让林则徐的保证书见鬼去吧。我们大英帝国的商人，决不能受到清国官员如此残暴、如此无礼、永无天日的虐待。"

看着商人们一张张涨得紫红的脸，义律高声宣布："现在，我们英商全体撤离广州，以此抗议林则徐的保证书。大家前往澳门。我们暂时不做中国的生意，去澳门赌场寻找财运。祝大家赌场上财运广大，赢得盆满钵满。"

6月23日，林则徐宣布，"英国鸦片贩子颠地等16人，驱逐出境"。

24日，在义律带领下，居住在广州商馆的英国人，全部撤离广州。

翻看桌面上各地官员送来的奏折，道光发现，成堆的奏折里，大多讲着同一个内容，近期禁烟过程中，各地官员取得的重大成绩。

摸着这些奏折，道光心里没有高兴，一丝隐忧挥之不去。如果我这里着力表扬官员们禁烟的作为，有可能将鸦片斗争扩大化。禁烟这档子事，应该大事化小，小事化了。禁烟的狂风暴雨就这样让它过去。现在，是给它浇点冷水的时候了。

想到这里，道光提起笔来，在这些奏折的后面，批上同一句话："此后，不准以收缴烟土烟枪之事入奏。"

得到皇帝"不准以收缴烟土烟枪之事入奏"的消息，林则徐一头雾水。皇帝啊，全国的禁烟运动方兴未艾，我们更应该趁势扩大战果，官员们在禁烟大事上，正冒出一股热火劲儿，你怎么兜头泼下一盆冷水？

接下来，林则徐看到，官员们都各忙各的事去了，除广东外，全国各省收缴烟土烟枪的工作，渐渐停息。没有官员再来关心、关注禁烟这档子事，更没有官员动手禁烟。吸鸦片的人，以前怎么吸食，现在一切照常。

有市场需求，必定催生供应链。官府不作为，这条鸦片供应链就随着时间变长变粗。想到这里，林则徐提起手中的笔，向道光帝写奏折，恳请皇帝颁发谕旨，允许各地官员，以收缴烟土烟枪入奏。

"皇上伸出手来，为禁烟这件事，亲手打下句号。皇帝的态度是明确的，你这样逆皇上的意志而为，上这样的奏章，我们真的很为你担心。"战友邓廷桢、好友龚自珍得到消息，前来看望林则徐，两人说出同样的话来。

林则徐正在感受皇帝双手送来的压力，担心这样下去，鸦片吸食死灰复燃，担心禁烟取得的胜利前功尽弃，突然，一条消息传来。

7月7日，英国商船上的一群水手，在尖沙咀村酒馆里吃肉喝酒，饭后故意找村民闹事。村民林维喜被这群水手缠上，活活殴打致死。

得到消息，林则徐发出指令，"新安县知县前往查办"。

义律做出表示："命案纯由误会发生。对受害者的家人，我们给予安抚。"

接到新安县知县的报告，看到"经查明，确系英国水手酗酒行凶致死"的字样，林则徐向义律发文，"杀人者偿命，中外所同。立即交出凶手"。

看着摆在桌面上林则徐的信件，义律笑了。我现在需要的，正是把事态闹大，把英中关系送上进一步恶化的大路。8月3日，义律宣布，"在中国领海，我们设立一个法庭，具有刑事审判权、海上管辖权。我们自己审案，哈哈，我们还要邀请中国官员到场旁听"。

得到消息，林则徐当即回信："你们在中国的领海，成立的法庭为非法，你们自行审讯，同样非法。""我们问你义律一个最为简单的问题，如果这一次死的是你们英国人，你们会不会要求我们大清帝国交出凶手以命抵命？答案是显而易见的。"

8月15日，林则徐宣布："义律拖延月余拒不交凶，断绝对英商柴米食物供应。撤退其买办、工人。"接着宣布，"分兵把守各处进出要口，实行戒严。"

义律召集英国商人，大声说道："我们现在没有水，没有米，没有菜食供应。我们没有生意可做，我们待在这里，哪里也不能去。与其在这里饿死渴死禁闭死，还不如退到海上，或许我们能寻条生路。我们等候我国政府的训令，等待我们大英帝国的援军。对付大清这样的国度，火枪大炮，才能打开他们的大门。其他任何东西，都撬不开他们那个花岗岩脑袋。"

随后，义律带着所有英国商人，包括住在澳门的家属，全部退往大海。

通过尖沙咀醉酒打架事件，义律成功达到目标，扩大中英之间的矛盾冲突，在英国政府面前，制造出英国商人在大清地面遭受虐待的"事实"。

东印度公司，已经不是一个商业性质的公司，是英国政府在东方的代理机构，有司法权、宣战权、税收权等，如收取、管理地租等。身为英王派驻中国的商务监督，身为东印度公司在中国销售鸦片的"代理人"，义律的眼光，早早就看到大清帝国那庞大的地面，那巨大的消费市场，而决不只是小小的广州，更不是广州的十三行。

一直以来，义律着力谋求扩大英中贸易的渠道。鸦片渠道，只是英国商人们发现的一条渠道。这条渠道，在义律的眼中，实在太小太小。而现在，林则徐要完全堵死这条渠道。自从听到皇帝派出钦差的那一天起，义律就有一个不好的感觉，这条渠道，怕是保不住了。

经过这段时间的观察、缠斗，义律发现，林则律是一堵打不通的墙。别的官员，黑夜里派人送出白花花的银两，就能解决问题。至少对方能睁一只眼闭一只眼，而林则徐这里完全是油盐不进、滴水不漏。

义律发现，打开大清帝国的国门，数十年的谈判没有任何的作用。大清帝国实行锁国政策，地方官员根本不把英国商人的要求放在眼里，更谈不上写进奏折，送上皇帝的案头。

现如今，林则徐必定要堵死那条鸦片路，留给英国的，有且只有一条路了——战争。

义律迅速给自己的工作做出新的定位。（1）赶紧给议员、大臣、首相写信，诉说英国商人遭受清政府官员的虐待，请求出兵救援。描述大清帝国地大物博，人口众多，阐明打开大清国门的极端重要性。（2）寻找一切可能的借口，扩大中英之间的矛盾。制造理由，保持中英之间贸易断绝的状态。适时地发生军事冲突，不断地激化矛盾。

9月1日,义律派出"窝拉疑"号等四条船,到达尖沙咀,采购淡水、粮食、蔬菜等生活必需品。

得到消息,林则徐立即命令九龙湾巡洋水师船队出击,严格查禁沿海民众出售食物。要求巡洋水师船队做到"滴水不卖,粒米不售"。

"一根葱都不让我们英国人买来,"得到消息,当着商人们的面,义律大怒,"这是要把我们英国人渴死饿死不成?"

义律当即表示:"这一次,我亲自出面,到大陆采购淡水、食物。"

9月4日上午,风和日丽,义律、士密等人乘坐"路易莎"号,在武装快艇的保护下,来到九龙山前,采购食物。

无论出怎样的高价,九龙山居民严格执行"滴水不卖,粒米不售"的命令,决不出售食物、淡水。

义律向查禁接济的大鹏营三艘水师船发话,"半小时之后,再不卖给我们食物,我们就要击沉你们的水战战船"。

半小时很快过去了,义律发出命令,"开炮轰击清水师查禁船"。

英国武装船开炮,打死水师兵员一名。大鹏营参将赖恩爵发出命令,"各船火炮,九龙山炮台,一齐向英船开炮反击。集中火力,打击义律乘坐的指挥船'路易莎'号"。

双方激战两个半小时,英船被打退。下午5点,英舰"窝拉疑"号、"威廉要塞"号得到消息,赶来增援。6点半,英船再次失败,向尖沙咀方向撤退。

接连几天，林则徐一再发出命令，"察看该夷动静，以筹操纵机宜"。

义律得逞了，成功制造出"清政府不给我们英国商人生存的机会。为了在严酷的大海上生存，为了食物和淡水，不惜以生命为代价，展开一战。中英战争已经打响，我们力量太小，请海军迅速增援"。

望着邮差远走的身影，义律脸上露出笑容。"接下来，我们需要的是时间，等待英国远征军从英国本土开拔过来的时间。那就跟林则徐行缓兵之计，同时寻找一切可能的机会，进一步制造矛盾，加剧冲突。"

林则徐正睁大眼睛，观察英国船队动向。16日这天，忽然接到澳门葡萄牙总督派人送来的一封信。义律"请葡总督出面，代向钦差大人乞诚"。

仔细翻看下文，信件上写着，英船的食物供应已经极其困难。船上装载的货物，如洋布洋纱，受潮发霉。义律希望钦差大人给个机会，让英国商人尽快卖掉货物，买些食物。

林则徐立即给澳门葡萄牙总督回信，"英国商人缴清所有的烟土、交出凶手、驱逐烟贩和趸船、签保证书。这四大前提条件全部达成，我方愿意和平解决争端"。

义律立即向林则徐回信，"我完全同意你提出的四大条件。只是有两个难题，一时之间，还难以做到。一是签保证书。我个人完全同意。然而，这是商人们私人的事，我不能按下他们的手，硬性要他们所有人全部签字。签字是商人个人的私权力。据我了解，商人们间，有愿意签字的，也有不愿意签字的"。"有的商人向我反映，如果签字的话，来大清做生意，性命就有危险。因为商人们之间互相竞争，保不准有哪一天，某个商人为了在竞争中取胜，想办法害另一个商人，会把鸦片偷偷塞进他想要害的那个商人的货物。商人们有这样那样的顾虑。虽然我做了大量的工作，但是，一批商人的确不愿意签字。"

"第二件事，我也愿意交出凶手。但是，那个打死人的凶手，已经逃往英国或他国。捉拿那位凶手，需要一定的时间。请林大人给我们时间，我们已派出人手，沿着凶手逃跑的蛛丝马迹，在全球范围追查。"

看了义律的回信，林则徐决定做出部分让步。"将写保证书与搜查两件事合二为一。"愿意签保证书的，准予照常贸易，不必搜查船只货物；不愿意签保证书的，船只货物必须接受搜查，防止带鸦片入境。既不签保证书，又不肯接受搜查的商人，限三日内离开中国国境。

交出凶手一事，"允许再展限10天"。

在回信的末尾，林则徐写道："本大臣、本部堂千言万语，万语千言，无非断绝鸦片毒物。若鸦片一日不断，我一日不会歇手。尔等贩卖鸦片之邪念，必须永远断去。倘敢再图走私，定按新例正法。到那时，尔等悔之何及。"

义律接到林则徐回信，立即回复："我们坐到谈判桌前，面对面谈判。"

14日，一方以义律为代表，一方以广州知府余保纯为代表，在澳门开始谈判。

23日，双方达成协议，"在沙角搜检英船，搜寻未交出的鸦片。

接受搜检的英国商船，搜检完毕，即可进行正常的贸易"。

林则徐接到余保纯的报告，十分愤怒。"我原定的四个条件呢，比如交出凶手，比如签下保证书，怎么没有任何的议定条款，就匆匆忙忙签字？是不是中了义律的诡计？"

看着摆在桌面上的议定书，看着四周围拢过来的商人们，义律笑出声来。"让他们放马过来搜查吧。相信诸位的能耐。他们就是长了三只眼，也会是竹篮打水一场空。我们就不会在船的下面偷偷系根长绳子，把鸦片用防水布包着，拴在海水里潜行吗？""再说了，开条船，装着鸦片，晚上偷偷开过去，开到那神不知鬼不觉的海汊里，在那里交易。他们的搜查人员，晚上难道还四处乱窜不成？"

商人们全都大笑起来。有了这张协议书，生意就可以合理合法地照常做起来。至于鸦片生意嘛，手脚做深一点就是了。再说，查出来了，无非货尽没官，至于商人们的性命，没有写保证书，就不会触犯大清的法律，更不会人头落地。

28 日，林则徐得到消息，"鉴于中英之间已签订协议，没有涉及追查凶手，义律公开宣布将杀人凶手解回本国"。

林则徐非常气愤："义律太嚣张，不把中国人的人命放在眼里。打死中国人，拍拍屁股就走人？"林则徐发出命令："派出一支军队，驱逐英国商人。派出另一支军队，包围英国水兵住处，缉拿杀人凶手。"

"哈哈，林则徐被我激怒，我的机会来了。"义律立即拜会英国海军驻华司令官士密。"中国军队的水师船正追逐我们英国船只。为防止船只落到中国政府手中，请您以最快的步骤，采取紧急措施。"

"好，很好，我这就亲自率领'窝拉疑'号、'海阿新'号，前往虎门，解救、保护我们的英国商船。"士密召集军队，立即起程。

为什么让英国商人写保证书、惩办杀人凶手，这两件事画不上圆满的句号，是不是义律故意而为之？林则徐反复地思考着这两个问题。为什么打击英国商人邪恶鸦片贸易的正当行为，会遭受到英国政府军小范围的武力对抗？难道还会有什么深刻的原因？摸着手中的白底蓝花描金瓷杯，喝着杯中的香茶，林则徐把这些难题，一遍遍地审视，努力找出其中的答案。

就在林则徐坐在官府案桌前集中精力缓缓思考的时候，在英国，在遥远的伦敦，用战争打开中国大门的方案已经酝酿成熟。

林则徐禁烟的消息、林则徐谕令各国商人缴烟的文件、义律关于英国商人遭受虐待的报告、英国商船遭受中国水师追击的报告，早已送达住在伦敦的英国首相、议员、大臣的手中。

早在9月初，外交大臣帕麦斯顿做出决定，"武装力量才有终极发言权。派出足量的海军，让中国官员感受到英帝国海军的实力。决不能让清政府的官员，把我们西方人看成啥都不是的蛮夷之人；决不可让大清的官员，把我们英国商人放在脚底下随意踩"。

9月中旬，英国政府向义律发出指令，"尽可能多地获取中国沿海的情报"。

接到指令，义律心中十分高兴。英国的议员，英国的大臣，都是资本家的代理人，都是视市场如性命的手握大资本的人，我最知道他们心中想的是什么。义律立即动笔，写成一份"战争建议案"。几行字十分显眼。"大清帝国的市场，是印度的四倍之大。一大笔巨额财产等我们去开发。现在需要的是枪杆子和火炮，去轰开这个封闭国度的大门。""据我所知，这个国度的军队，手中使用的还是大刀、长矛、弓箭，处于半原始的冷兵器状态。""这个国度有一群不怕死的人，据我所知，他们只是极少数。这个国度，也有一群紧守国门的大臣，据我所知，他们也只是极少数。把这两个极少数人打掉，并不要花大的本钱，99 艘战舰就能达成。到那时，大清的国门，就吱吱着被我们的枪炮轰开，至少能轰开一个缺口。我们的商人，从这些缺口一拥而入，我们就成功了。"

29 日，战争建议案送到伦敦外交部官员的手中。

10 月 1 日，英国内阁决定，"轰开占地球人类三分之一的巨大市场。不能让这个巨大的市场一直在那里呼呼大睡"。

18 日，帕麦斯顿通知义律，"远征军于 1840 年 3 月到达中国海面，尽量搜集清水师及沿海要塞军事情报，做好军事进攻的情报准备工作"。

看着帕麦斯顿的通知，义律心中立即有了下一步的方案。第一，在达不到林则徐要求的前提下，故意强烈地要求恢复中英贸易，以此刺激林则徐，以此为远征军到来打掩护。第二，持续保持贸易断绝与小规模战争状态，为战争进一步扩大制造借口，将战争的责任推向中方。这样一来，就为将来战争胜利时，在谈判中取得最大利益制造了有利条件。

11月2日，士密率领的英国武装舰驶入沙角，向林则徐两次提出强烈的要求，"不要攻击英国商船，允许英国商船采购当地的淡水、食物"。

林则徐提出，"英方交出凶手，中方水师便可考虑撤回，否则，就像现在一样，水师包围英国商船，断绝淡水、食物等一切供应"。

根据林则徐的命令，中国水师坚守岗位，断绝英国商船一切供应。

3日上午，部分英国商船，根据余保纯签署的协议，写下保证书，准备报关。关天培率领的水师，根据余保纯签署的协议，正在检查英商的船只。

士密发现了机会，中国水师正处于放松状态，立即发出命令，"出其不意，炮击清军水师船"。

关天培听到报告，"火船一只被炸毁，兵丁六名被烧死"。关天培当即发布命令，"开炮回击"。

士密率领"窝拉疑"号等武装船且战且退。

4日深夜，英国武装商船偷偷来到官涌山清军驻军的营盘，突然发起猛烈的炮击。官涌山驻军发炮还击，英国武装商船退走。

8日白天，英国武装商船向官涌山驻军发起攻击。一百多人冲上山冈，打伤两名中国兵丁。把总刘明辉指挥军队作战，打伤敌数十名，把这批武装人员赶往停在大海的船上。

9日，英船向官涌的胡椒角发起进攻。刚刚发炮，即遭到守军猛烈的还击。英船退走。

13日傍晚时分，10只英船驶近官涌，正在做偷袭的准备。清军提前发现，立即兵分五路，向商船开火。"多利"号中炮，英船退回大海。

12月6日，林则徐宣布，停止英国贸易的决定，正式实施。

16日，林则徐接到义律的信。"求通贸易"四个字非常显眼。"希望大清允许我们做正经贸易。所有贸易，全部依遵大清律例，决不会违背贵国体制"。

林则徐当即批复，"不许尔国交易。此皆尔之自取，并非天朝无故绝人"。"若违天朝律例，则永远不许贸易。"

道光皇帝看着桌面上林则徐接连发来的"官涌山反击战胜利捷报""停止英国贸易报告"，心情无比沉重。我是叫你去禁烟，你现在给我说战争？我早已按下国内禁烟扩大化的暂停键，你还在广州给我不停地与英国商人较量？

1840年1月2日，林则徐接到道光帝谕旨，写保证书、惩办凶手的做法，立即停止。

首席军机大臣穆彰阿认定禁烟必须赶紧收场，不能再这样闹下去。如果继续闹下去，后果不堪设想。第一步，把林则徐的得力左臂狠狠地砍去。立即上奏皇帝，"调邓廷桢为两江总督"。

1月5日，道光指示，"调邓廷桢任两江总督，林则徐移作两广总督"。（不再是专事禁烟的钦差大臣）

2月3日，邓廷桢向林则徐移交两广总督的关防、印信。林则徐就任两广总督。邓廷桢北上赴任两江总督。这一天，正是正月初一，全国人民正在欢度新春佳节。这两人的心中，各怀忧国心事。

2月20日，英国政府正式任命海军少将乔治·懿律为远征军司令、全权公使，查理·义律为其副手。帕麦斯顿向两人发出第1号秘密训令，详细交代接下来中英签订条约的具体条款。在致清朝皇帝、内阁的信中，帕麦斯顿写道，中国官员"迫害、虐待""安分守己"的英国商民，对英国商人"横施强暴"，女王陛下才做出出兵的重大决定。要求"赔偿烟价、出兵军费等损失"，要求"昭雪冤枉"。要求清政府官员"尊重"英国来华官员，要求割让岛屿。否则，英国武力就成为达成这些要求的后盾。

此时，英国资本家眼里，满眼都是即将打开的中国巨大的市场；鸦片贩子们的眼睛，紧紧盯着烟价的巨额赔偿。

4月7日，经过三天的激烈辩论，以271票对262票，通过"对华用兵军费案""英商损失赔偿案"。

随即，英国远征军舰艇从好望角启程，前往战争物资补给基地加尔各答集结。

广州彻底封港，英国商人无法从中国大陆取得食物、淡水等生活来源补给。

"我们这么多人，不能天天靠接雨水过日子，不能天天靠钓鱼过生活。我们的武装船队，打又打不过清军水师，哪里才有活路呢？"义律把眼光扫向澳门。

眼下正值岁暮深冬，中国人家家户户忙着过大年，忙着除旧迎新，这个时候，林则徐或许回家过春节去了。想到这里，义律随即行动，悄悄潜入澳门。有澳门做依托的话，我们英国商人就可以数着日头等着英国远征军的到来。

林则徐得到消息，"2月4日，英国商船'海阿新'号驶入澳门内港"。

坐镇两广总督府，林则徐立即发出第一份文件，谕令澳葡当局"限期五天，将义律、英商一起驱逐出境。如若不然，将暂停澳门一切贸易"。

澳葡当局接到两广总督林则徐的谕令，发表声明，"在中英纠葛之事上，我们保持中立，对于两方，均不加干预"。

林则徐接到"不加干预"的回复，立即做出决定，"停止中澳贸易"。

正在忙着布置断绝中澳贸易的各项事务性工作，林则徐突然得到消息，"一支庞大的英国远征军舰队，已经过马六甲海峡，正在向中国海面驶来"。

英国会对大清发动战争？林则徐反复考虑这个消息的真实性。我大清做的是肃清鸦片毒品的正当大事，做一件正当的事，也会引来国与国之间的国际战争？这怎么可能呢？我们没有侵犯英国的国家利益，我们只是阻止英国的鸦片贩子来中国偷偷贩卖鸦片。英国有什么理由发动战争？没有理由，怎么会动用军队？

反复思考后，林则徐得出结论，"战争的传闻，实际是义律发出来的恫吓之作，固不足信"。

得出"不相信有战争"的结论后，林则徐心中有一个隐忧，无论如何排除不了。假如这个消息是真的话，假如有一支英国海上大军开向中国的话，如果完全不做任何的军事准备，到时就不堪设想。

林则徐当即着手，"积极进行守战准备工作，一天也不能松懈"。害人之心不可有，防人之心不可无。毕竟，现在英国商船在海面上漂，他们的武装商船四出寻找接济。小规模的战争随时可能打响。

林则徐发出命令，"在尖沙咀和官涌，增设炮台，置炮56门"。

3月，林则徐再次发出命令，"建造炮艇、小帆船"。仿照越南船只式样，制成4只轧船。4月底，仿照欧洲船体式样，建成3条双桅船。

从这些建成船只的规模来看，对付英国武装商船，绰绰有余。如果与英国远征军舰队相比，两者的级别，那就是鸡蛋与手榴弹。有的学者由此得出结论，此时，林则徐还不相信英国远征军正在向大清的海面开过来。

3月初，得到消息，"为保护澳门利益，葡当局拒绝义律及英国商人寄居澳门"，林则徐随即宣布，"恢复澳门贸易"。

十天后，又一则消息传来，"英国商船虽然泊在外洋，但是，他们在洋面上用很高的价格收买中国汉奸民船运去的食品、淡水。用鸦片兑换，两获其利"。"沿海一带的贪利之人，纷纷驾着海船，环集英船周围。他们一方面接济英船，一方面走私鸦片。"

"这么说来，我断绝中英贸易，使敌自困的方案，又要泡汤？"林则徐十分气愤，"莫非还真的是道高一尺，魔高一丈不成？"随即发出命令，"水勇出击，攻打焚烧汉奸船只，彻底断绝英国商人的接济来源。"

3月29日深夜，水勇船分成四队，向汉奸船出击。烧毁29只船，生擒汉奸10人。

接到夜袭战报，林则徐非常高兴，"此次烧毁办艇，甚为痛快，不独寒奸之心，亦已落顽夷之胆矣"。

可以看出，对于英国远征军即将到来的消息，林则徐完全不相信。因为，此时林则徐的精力，全都集中在与英国商人做斗争上。

6月16日，英军武装汽船"马打士牙"号到达广东海面，接着，英国远征军海军司令官伯麦乘坐的旗舰"麦尔威厘"号（有74门火炮）等船相继赶到。有的军舰整整一层，全是炮位。"以火焰击动机轴，驾驶快捷。"

22日，伯麦发出公告，"封锁广州入海口，封锁珠江口，封锁所有进出内河的港口"。

林则徐得到确切的消息，"英舰连樯而来，九洲、磨刀、三角外洋，全都停满英国海军船只"。林则徐发出命令，"沿海官兵，严阵以待"。同时快马向道光皇帝奏报英军军情，奏报广东备战情况，向广东沿海官民发布《英夷鸱张安民告示》。

接着，林则徐得到英军实力进一步的消息。在中国海面，有军舰16艘，4艘武装汽船，火炮540门，运输船28艘，陆海军4000余人。

伯麦得到消息，"广州、珠江口防守严密，林则徐正在率领军民做战斗准备"。看着收集来的各种消息，伯麦得出一个结论，"林则徐这人不好对付。我们找个软柿子，建立一个登陆基地"。伯麦发出命令，"一小部分军队，继续封锁珠江口。主力大军北上"。

7月1日，林则徐得到"英军离开广东海面，一直向北行驶"的消息，立即上奏皇帝，"英军北犯，浙、苏、津沿海、沿江等省，建议一体防范"。

7月2日，英国舰队冲进厦门内港。厦门守军提前得到林则徐的消息，做好战斗准备。英舰放下舢板小船，正在登陆时，提前埋伏的厦门守军在邓廷桢的指挥下，突然发起反冲锋，英国海军陆战队被迫退回舰上。

伯麦望着眼前的败局，十分恼怒，发出命令，"发炮轰击陆地的清军，让他们品尝大炮的滋味"。

清军二十多人被炸死，附近民房二十多间被炸坏。

厦门炮台守军发炮还击，英舰退出厦门内港，逃往海面。

4日，英舰冲进定海内港。

定海水师总兵张朝发得到消息，无比惊讶。"夷船莫非是被台风吹来的。我这辈子，不但没有见过，而且从来没有听说过会有这档子事。我们这里上百年没有战事，没有做任何的战斗准备，如何是好？"

英国海军陆战队长驱直入，当天攻占关山炮台。晚上用大炮攻击，轰开城墙，6日凌晨英军从缺口处一拥而入，占领城池。知县姚怀祥被杀死。

8月6日，在澳门，一群当地人向驻军报告，"一位英国人正在偷偷地侦察"。当地驻军派出弁兵，活捉英国人温森特·士丹顿。

士密得到消息，9日，来到澳门，要求释放温森特·士丹顿，否则，"采取强硬的措施"。

林则徐得到报告，当即做出指示，"深入调查此人"，"派两千兵力，增援澳门守军"，"调拨款项，购置配备炮火。招募、操练水勇"。

"林则徐不释放士丹顿，岂不是给我抢占澳门送来了一个再好不过的借口？"18日，士密率领三艘英军舰船冲向澳门港。

中国水师船、运兵小船得到"严加防堵"指令，立即出发，开进澳门内港。

19日中午，英军向关闸炮台发射火炮。关闸炮台武器低劣，回射的火炮射程不够。英军摧毁炮台，在火炮的掩护下，攻占新庙。

得到火炮射程不及英军的消息，得到关闸炮台、新庙失守的消息，林则徐十分震惊。接着又有消息传来，"英军放言，某天攻前山，某天攻香山，某天攻虎门"。紧接着又有消息传来，"知县、营官、兵弁十分惧怕，纷纷请求增援"。

英军新胜，十分嚣张。我军新败，地方守军成惊弓之鸟。林则徐望着蓝蓝的天空，缓缓地思索着。现在我们需要做的是，压制敌人的气焰，提振我方的士气。我们不能等着敌人来进攻，那么，我们主动出击，寻找机会，与英军作战。林则徐发布命令，"水师出洋，寻机歼敌"。

接下来的四天时间里，无论澳门还是前山，英军再也没有发起进攻。

英军的气焰暂时被压下去。林则徐正评估敌我情势的变化，9月1日这天，把总黄者华从矾石洋赶来报告最新战况。"我出洋水师，采取众船会攻敌方一船的办法，首先击败英军一只火轮船，接着击败'架历'号战舰，打坏其头鼻，不少英军滚跌落海。敌舰航速比我水师船快捷，我军虽胜，却未能将其捕获。"

林则徐听了，很是可惜。"要是能捕获一艘敌舰，我军就能找到更多克敌制胜之策。"

英军主力攻陷定海，对这座繁华的城市，大肆抢劫。7月6日，懿律、义律同时宣布，"封锁宁波港口"。

在宁波港执行封锁任务的英军舰队，对甬江口经过的任何一艘船进行抢劫。接着，肆无忌惮的英军抢劫的范围在沿海城镇进一步扩大。

28日，懿律、义律留下一部分舰船继续封锁甬江口、长江口，主力大军北上。

7月24日，道光皇帝接到定海失陷的奏报，接着得到英军封锁甬江口、长江口的消息，心中十分吃惊。为什么突然之间，冲过来如此庞大的英国舰队？这决不是小股的外国军队，而是一支强大的远征军。

道光皇帝第一时间打听其中的原因，很快得到大臣禀报，"夷兵之来，系由禁烟而起"。也有大臣回报说，"夷兵之来，因绝其贸易而至"。

到底是什么原因，道光想出一个办法。派伊里布赴浙江查办，"密行查访致寇根由"。

沿海督抚只想着息事宁人，一封接一封奏折送到道光的案桌上。道光拆开这些奏折，一封接一封看下去，看到了几乎相同的一句话，沿海之所以战火蔓延，原因有且只有一个，一切皆由林则徐向英国商人、向英国商务监督肇衅所致。

摸着桌上的茶杯，道光的一个感觉越来越强烈，英国人从数万里之外扛着枪炮漂洋过海来到我大清帝国发动战争，必定是受了莫大的冤屈。从这些沿海督抚的奏折里可以看出，这个冤屈越来越清楚了。

8月9日，道光皇帝向驰往天津筹备海防的直隶总督琦善发出明确的指令，"该夷船如果驶至天津海口，不要立即向其开枪开炮，首先问明缘由"。

8月11日，懿律率领英国舰队驶近大沽口，向琦善送出致大清皇帝及内阁的信，并要求购买食物。琦善同意"代为购买食物"。

道光反复翻看英国首相的来信，指示琦善"设法劝说英军退兵"。

9月中旬，琦善向懿律表示，"英国舰队如果同意南返粤东，则中国皇帝立即派出钦差大臣，前往粤东，双方会谈"。

懿律同意，随即率领大军返回广州。

看到琦善送来的奏报里"英军南返"的字样，道光十分高兴。当即下旨，"琦善为钦差大臣，赴广东查办此事"。想了一想，立即派快马飞谕沿海各省督抚，"英船经过时，不要开枪放炮"。

接着，接到林则徐送来的奏报，看到"择日出洋剿办英军"的句子，道光皇帝十分不爽。我叫你去禁烟，你倒好，给我捅出这么大的娄子，引来了英国大军。眼下，要能把英军礼送出境，我就要谢天谢地，你还在那里叫着喊着"剿办英军"？赶紧给万里而来的英军说声对不起，赶紧给我歇手。道光一边想着，一边将手里林则徐的这份奏报揉成一个纸团，扔进了篓子。

道光又接到琦善派人送来的调查报告。"英军船坚炮利，中国断难决胜"。看到这几个字，道光打了个冷战。再看后面的文字，"一切的原因，皆因林则徐、邓廷桢二人在禁烟事件上，过度作为而起"。

30日，道光皇帝下旨，指责林则徐，国内而言，民众吸毒，你不能净尽除去；外国而言，毒贩来源，你不能使其断绝。你的整个禁烟工作，今天来看，无济于事。眼下，因禁烟转而生出别样祸端，引来战争大患，你这是把我的江山社稷突然之间推到风口浪尖。你啊，误国病民，莫此为甚。

"林则徐、邓廷桢著交部分别严加议处。林则徐即行来京，听候部议。两广总督着琦善署理，琦善未到任以前，着怡良暂行护理。"

10月20日，林则徐接到吏部"交部严加议处"公文，当天交卸总督、盐政两篆，移送怡良。

官兵、群众、士绅得到消息，高举52块颂牌——"烟销瘴海""泽遍南天""民沾其惠，夷畏其威"，沿途送行。

四

北上途中，1840年10月25日，林则徐突然接到道光皇帝的圣旨，"折回广东，以备查问差委"。林则徐随即改变行程，返回广东。

一路上，林则徐就在想，接下来，我能做什么呢？当然，第一件事是"听候查问"。利用上级查问的机会，向代理两广总督怡良提出我的建议。眼下，必须利用一切机会，进一步了解海上的敌情，进一步观察广东的防务，这样我的建议案才切合实际。

坐在暂行代理两广总督的新职位上，怡良要做的第一件事，便是奉旨撤兵。

撤兵是皇帝交代下来的任务，想不执行都不行。现在，皇帝要的是跟英国军队议和，不希望双方继续战斗下去。皇帝的想法是好的，但是，对着一群虎狼，撤掉围栏，这样的做法，可取吗？

怡良反复地想着，整整考虑了十天，撤兵的复奏这才写好，撤兵的具体数字仍然空着。

就在怡良开动脑筋寻找对策时，在浙江地面，具体来说，在英军占领的定海，11月16日早上，当地一千多名渔民，包围了一批英国士兵。

这批英国兵正在哄抢路过的中国盐船"风鸢"号。

渔民们驾驶十几只渔船，包围了英军。活捉英军24人。渔民们把这些英军一个个捆绑起来，交到了官府手里。

这天上午，定海青岭岙村村民包祖才扛着锄头到地里干活，发现英军上尉安突德正明目张胆测绘地形。包祖才回到村里，叫上几个青年人，带上渔叉，埋伏在安突德回去的路上。

安突德完成测绘工作，正在往回走。走到一个山道口，突然冲出十几个青壮年，个个手里拿着渔叉、锄头。安突德举手投降。

村民们将安突德五花大绑，解往宁波官府。

义律得到消息，立即赶到镇海，亲自索求战俘。

钦差大臣伊里布、琦善赶到浙江，同义律会谈。双方达成协议，"双方以和为贵，以和为重。对待战俘，中方以礼相待"。"双方停止战争，以和谈为中英双方的工作指针。"拿到停战和谈协议书，英军起程，向南返回广东海面。

广东海面英军舰队云集。8只中国运盐船，阳右水师一只装米的米艇，接连被英舰截获。

21日，懿律派"女王"号前往虎门，递送英方谈判代表已经到广东的通知。

沙角炮台守军发现英国军舰驶近，立即开炮。

英国军舰抢劫运盐船、运米船的消息传到广州城里，"船上官兵不准开枪"的消息，在民众中迅速传播。广州军民十分气愤，一些人走到街头，高喊口号"打击英军"。怡良得到消息，气愤不已，发出命令，"英国如果再截击我运米运盐船，仍须开炮"。

这段时间，林则徐每天看从澳门买来的新闻报纸。"琦善之来，不过是官方惯用的拖延之术"，"非用武力解决不可"。看到这些文字，林则徐有一个感觉，英国舰队有可能先下手为强。

林则徐找到怡良，说道："各路官兵，对于英军，要加意严防，决不可松懈。但是，不宜先下手。"

24 日这天，懿律指挥英军舰队在穿鼻洋上排列开来。"你们沙角炮台官兵，开炮轰击我送信船只。现在，我们要攻打虎门。"

29 日，琦善进入广州城。"你们这些人，要我怎么说呢？皇帝下了圣旨，定了议和的基调。你们这样搞，不是在破坏议和气氛，又是在做什么？人家送信的船，你们也打？弄出这一大麻烦，捅出这一大娄子，还不是要我去补？"琦善一边责备官兵"乱搞"，一边派出人手，前往英国舰队赔礼道歉。"我们擅先开炮，是因为兵丁没有搞清楚你们是来送信的，真是对不起。"

义律正式提出 14 项议和条款。烟价、兵费等一一清楚开列。要求割地一处，开放口岸 6 处。

"如有一条不从，我们就攻打虎门、香山。"

接着义律得到一条消息，"为着制造议和气氛，琦善将海防兵丁，林则徐以前招募的数千壮勇，全部撤退遣散。不仅如此，还将横挡在江水中的江底暗桩，一一拔除"。

"好可爱的琦善，"义律端着茶杯笑了。"这样迂腐至极的官员，只要用大炮、枪支吓唬他，再用让步诱惑他，何事不成？"

接下来中英双方进入讨价还价程序。烟价赔偿数从 2000 万两白银降为 600 万两白银。义律坚持以定海、上海为通商口岸。

1840 年 12 月 26 日，义律发出强硬照会，"限 28 日零时以前，作出圆满答复，否则，就请枪炮说话"。

琦善赶紧答复，尽力诉说自己的苦衷。"不是我不想给你圆满答复，实在是有些方面，我也不能做主。我能答应你的，是给予两处作为贸易的码头（开放两处通商口岸）。你方提出的'给予外洋一处场所，让英国人寄居，让英国人竖旗自治'，这一要求，我实在不能做主。"（原话：自古君尊臣卑，中外一理。身为臣下，断不敢稍自专擅。）

看到"给地寄居，向无此例"的字样，义律捏紧拳头。"向无此例，是吧，那此例就从我这里开始。我就要让你尝尝开创先例的美好滋味。"1841 年 1 月 2 日，义律发出照会，"看样子，现在我们来谈议和之事，为时尚早。条件还没有成熟。现在是我们制造条件的时间。那就相战之后，再商议讲和吧。"

同时，英军总司令伯麦向琦善下达战书。"给你们五天的思考时间。如果在 7 日 8 时前还没有做出答复，我们就战场上相见。"

7日上午8点，义律、伯麦都没有收到琦善的回复文件。伯麦当即发出作战命令："兵分三路，向虎门的门户沙角和大角炮台发起进攻。"

英国海军陆战队迅速占领穿鼻湾。英军舰队，向着大角、沙角炮台方向，发射炮火。

炮火轰炸后，英国海军陆战队发起冲锋。清兵挡不住英军的攻势，退向山顶。

英军包围山顶，发起仰攻。清军官兵武器落后，挡不住英军手中的枪弹，一批接一批阵亡。

经过一天的血战，英军占领沙角炮台。

得胜的英军，第二天包围了虎门的镇远、威远、清远炮台。义律派人向琦善送去口信，"我这里这几天有些小忙，忙着打掉你们的几座炮台，要不了几天，省城就裸露在我们面前。到那时，到省城里，我们一起喝喝茶，聊聊天"。

看着沙角、大角炮台失守的报告，看着英军包围镇远、威远、清远炮台的报告，11日，琦善答复义律，"同意将外洋一所，给英国人寄居贸易，让英国人自己治理"。（割让）

义律当即回文，"地点就定在尖沙咀、红坎（香港）。"

15日，琦善表示，两处地点，只能选择一处。

16日，义律回复，"放弃尖沙咀，我们选择香港岛"。"汇写盟约一纸，以俾两国和好永久。"

21日，义律公布了《穿鼻条约》，要求割让香港岛，赔款600万银元。由于涉及土地割让，琦善未敢签字。

21日中午时分，南方的花城已是春风拂面，阳光和煦，道光派专人送来了最新的谕旨。逆夷要求过甚，桀骜难驯，情理也讲不通。对付这样国度的人，只有一条路可走，大申挞伐。新增两处通商口岸、赔偿烟价，全部不行。英国人要是再送来什么照会，也不要接收。也无须跟这样的人再讲什么道理。

看到这里，琦善吸了一口气，急忙向下文看去。现在，道光已紧急调度湖南、四川、贵州四千人马，以最快的速度，赶赴广州。林则徐、邓廷桢两人，对付英国人有着丰富的经验。要求琦善同林则徐、邓廷桢一起，指挥军队，奋力出击。如果逆夷驶近口岸，立即剿杀。看到最后，八个大字耀眼醒目，"朕志已定，断无游移"！

琦善立即动手，邀请林则徐、邓廷桢商讨对策。

接到"会商剿杀英军"的通知，林则徐的心中有一种五味杂陈的感觉。面对英国军队，你琦善把我那些打在江心的粗大的木桩，一根一根拔掉。那是要花多大的代价，才从高山上砍伐大树，运来江边，然后一根根安装在江心的啊！还有我苦心经营的抗英军队，一点一点组织起来，经年累月的训练，才初步形成战斗力。你一来，啥也不问，把他们全部撤换解散。现在要去抗英，没有强大的设施，没有过硬的人手，靠临时拼凑、平时缺少针对性训练的四千人马，大家互不熟悉，这就要开赴前线，奔赴炮火连天的实战战场，这仗如何打？

还有道光皇帝，虽然白纸黑字，亲笔写下"朕志已定，断无游移"，到了某一天，打了败仗，你还会坚持你的"断无游移"吗？

任何事，都不可能一帆风顺，必定出现波折，禁烟也是这样。出现波折，你皇帝的意志，随即游移，叫我们臣下如何办？君主没有坚毅的意志力，别说大事，怕是小事都做不成啊。何况现在是国际战争，我们面对的，是强大、凶猛的敌人。

林则徐的心中，塞满矛盾和苦闷。

26 日，英军强占香港。

27 日，林则徐得到消息，"琦善和义律私下秘密商定割让香港"。2 月 1 日，又得到消息，义律和伯麦在香港四处张贴安民告示，"香港居民，现归属大英国，是为英国国王的臣民"。

林则徐找到怡良，"我的手里，没有上奏折的权力。皇帝下旨抗击英军，琦善背着皇帝，将香港许诺给英国，作为中英停火的筹码。你要下定决心，上奏折揭露琦善"。

1841 年 2 月 9 日，琦善接到道光皇帝发来的谕旨，"你擅自将香港许诺给英国，交吏部严加议处"。谕旨的后文则命令琦善统辖广东官兵，抢占各处关隘要塞，分段守护。他从各地调集的大军，即将赶到广东。等大军一到，立即奋力剿除英军，将功补过。

2 月 10 日，琦善与义律在镇远山后之蛇头湾会谈。

13 日，琦善接到皇帝谕旨，"朕已任命奕山为靖逆将军，赴粤主持战事"。

15 日，琦善将没有签字盖章的条约文本退还义律。

16 日，林则徐看到折差带回的谕旨。谕旨前面的文字，清楚写着，"昨复派奕山、隆文、杨芳带兵赴粤剿灭英夷"，后面的文字，同意琦善"设法羁縻"，赞扬琦善"冒重罪之名，委曲从权"，"朕已鉴此苦衷"。指示琦善"大兵未到，继续羁縻"。

琦善到底是卖国求荣，还是设下计谋，拖住英军，赢得大军到达广州的时间？要知道，两军作战中，赢得集结兵力、布置兵力、休整兵力的时间，至关重要。如果远道而来的人马没有时间休息，立即投入战斗，就非常危险。

林则徐正在思考，突然得到消息。义律为着迫使琦善在《善定事宜章程》上签字，正在澳门海面集结兵力。

随即又得到消息，琦善发出命令，刚刚到达的前锋部队，贵州兵一千名，湖南兵九百人，加上广州本地军七百人，立即投入战斗。

25日，18艘英舰集结完毕，向虎门进发。英舰先向清军炮台发炮，用大炮轰炸。清军炮台发炮还击，但无法击中英舰，因为英国舰队在清军炮火射程之外。

26日拂晓，英国海军陆战队向各炮台发起总攻，横档、永安两处炮台首先失陷。接着英军集结兵力，向靖远、镇远、威远炮台发起冲击。

争夺战一直持续到下午2点。守军挡不住英军的枪弹，大半阵亡。关天培中弹，以身殉职。傍晚时分，大虎山、小虎山所有炮台全部失陷。

得胜的英军，第二天沿着珠江向广州城进发。沿途炸毁乌涌土炮台，广州裸露在英国舰队面前。

3月3日，琦善紧急命令余保纯，"赶紧到黄埔，向英国求和"。余保纯找到义律，答应义律提出的议和条件。义律同意，停战三天，等待琦善签字盖章。

林则徐得到消息，十分郁闷。虎门失守，怕什么？全省面积这么大，全国面积这么大；全省人口这么多，全国人口这么多。英国人远道而来，出不义之师，凭着我国广大的人口，广阔的面积，拖也能把英军拖死。

林则徐端着茶杯，向着身边的几位朋友，缓缓说道："琦善、余保纯这两人，真不知怎么想的，这么着急地求和。""我们召集广州人士，大家出钱出资，雇请壮勇，保卫广州。""与英军一城一池地争夺，拖也要把英军拖死。"

3月5日，参赞大臣杨芳率领大军，到达广州。

12日，道光皇帝接到怡良的奏折。看着奏折里痛骂琦善"即败即降"的文字，道光有一种感觉，接下来，我们跟英军作战，必定有成功，也有失败。接下来，最不可取的，最为可怕的，就是即败即降。我们的国土面积这么大，我们的兵马这么多，应该跟英军奋力拼杀。

现在，我要的，是树立一个反面的典型，让所有参战将领、参战官员明白投降的代价。这个典型人物，就是他了，谁叫他撞到我的枪口上来了呢？

13日，道光下旨，"将琦善革职锁拿，押解来京，严刑讯问，所有琦善家产即行查抄入官"。

3月14日，英军舰队发炮，轰击香山县城。16日，得胜的英军向广州进发。

3月17日、18日，清军和英军在凤凰岗与花地一带曾有过一番激战，但已无法阻止英军兵临广州城下。

20日，英军进入白鹅潭、西关，前航道两岸的炮台被英军自西向东悉数摧毁。

此后两个多月，入侵者屯兵沙面、白鹅潭、大黄滘一带，时刻威胁着广州的安全。钦差大臣奕山草率用兵，招致英军报复。

4月初，林则徐收到靖逆将军奕山派人送来的一封信，"共同面商大计"。林则徐感觉眼前又出现了希望，连夜动笔，整理自己的抗英思路，总结自己的抗英经验，写出一篇长文《粤省防御计划》。

计划书送出去了。接下来，林则徐没有收到奕山任何的回音。

"看来，我的这些方案，已经泥牛入海，没有一丁点声音。"望着蓝蓝的天空，感受着4月里的春风，林则徐长声慨叹。

一连几天，林则徐闭门不出。

4月16日，林则徐突然接到道光皇帝的谕旨。"赏给四品卿衔，迅即驰驿前赴浙江，听候谕旨。"

林则徐整理行装，立即北行。

一路向北行进，林则徐一路打听浙江的消息。道光新近任命裕谦为两江总督。在镇海，驻扎着一支刘韵珂率领的部队。

"裕谦以前跟我共过事，我们俩一向引为知己。"林则徐越想越高兴，越走越起劲。

6月10日，林则徐到达镇海。第二天，登上招宝山，察看炮位的排放布置，与镇海炮局的官员讨论铸造炮、演练炮。将从广东带来的《炮书》，请人抄录，交给炮局参考。

一连几天，林则徐与刘韵珂一起，"乘竹筏，渡大浃，登高陟险，指画守御之方"，共同商讨防守大计。两人一起察看地理形势，商讨某处地段如何添加防御工事。林则徐又来到制炮局，与炮局官员、工匠一起，研究制造大炮、战船。

就在这段时间，在广州，奕山指挥清军与英军的对抗中，大败惨败。

道光皇帝得到消息，十分气恼。为什么我们清军一仗打不过英军，两仗打不过英军，三仗打不过英军？原因不在我军，也不在英军。一切的原因，归根到底，就是因为林则徐。如果当初林则徐禁烟慎重从事，怎么可能会万里迢迢引来强大的英军呢？

想到这里，道光发出谕旨，"将林则徐流放伊犁"。

7月13日，林则徐接到皇帝的这道谕旨，满心悲愤。"我现在献身无路，报国无门。"裕谦专门赶来看望林则徐，为老朋友的悲惨境遇感到惋惜、同情。

1841年7月14日，林则徐离开镇海，踏上远赴新疆戍边的旅途。他随即得到消息，这一次，皇帝同时迁怒于邓廷桢，将邓廷桢放逐伊犁。

两位老战友，互通书信，共同约定，"在秦中相聚，然后同行出关"。

走到杭州，故友、旧属纷纷前来送别。林则徐找到好朋友张珍桌，"十年前，你曾被谪戍伊犁，向我说说西域边陲那边的情况吧"。

"在伊犁期间，我写作刻印了一本书《三州辑略》。我送一本给你。你一路上边走边看，路途不会感到寂寞。书里我详细记述了我在西域的所见所闻。"

8月份，在张珍桌帮助下，林则徐规划好自己西行的路线。走到京口时，遇到老友魏源。两人泡上一壶茶，弄了一碟花生米，整整谈了一个晚上。

"这次西行，险路重重。我最放心不下的，最担心出故障的，倒不是我自己，而是我一直带在身边的这些资料。"林则徐指着两个藤条箱说。

"是些什么资料？"

"禁烟期间，抗英期间，为了了解外国的情况，我派出一批人手，请来四位翻译，从澳门收集世界各国的地理、历史、当今的发展情况。"

"的确非常重要，它能让国人知晓外部的世界，不至于对外洋各国的发展情况、历史沿革、地理位置一无所知。"魏源从椅子上站起来，走到箱子边上，打开箱子，细细地看着这些报纸、杂志、书籍，慢慢地翻着。其中最醒目的，当是根据《世界地理大全》翻译的《四洲志》。

"西行的路途风险重重，遇到响马都有可能，这些重要的资料，如果被人抢走、偷走，流落到不识宝的人手里，只会当废纸扔了。"林则徐满脸愁容地说。

"放在我这里，一是安全；二是我花时间、精力来研究它，努力写成一部讲述世界各国地理、历史、当今发展的书。"

"好，很好，交到你的手里，我放心。"

后来，魏源写成《海国图志》一百多卷。在书中，率先提出"师夷长技以制夷"的主张。这部书后来流传到日本，成为日本的畅销书。

几天后，林则徐到达扬州，突然接到道光皇帝于 8 月 19 日发出的谕令，速赴开封祥符河工地，襄办河工，效力赎罪。

赶到祥符，只见这里的黄河水奔腾咆哮。早在 8 月 2 日黎明时分，黄河水冲开开封府城西北 10 多里祥符堡的堤岸。开封府护城堤被冲开。8 月 10 日，受大河浸泡，开封城部分城墙坍塌，"城中万户皆哭声"。京师震动。

东河河道总督王鼎新近上任，没有治水经验。看到林则徐来到，早就耳闻林则徐富有治水经验，立即商讨对策。

林则徐朝夕驻坝，日夜同士卒在工地上奋战，此时，在沿海，英国侵略者气势汹汹，连续攻占厦门、定海、镇海、宁波。清军战败的消息一阵阵传来，故人、僚属阵亡的消息一波波传来，林则徐十分悲痛。

拿起笔来，林则徐给新任两江总督牛鉴写信，"力陈船炮水军之事"。接到的回信中，林则徐看到，牛鉴没有采纳他的建议，回复的只是几句空言。林则徐决定，不再言事。

祥符工程最终合龙，大坝挡住了黄河水。王鼎立即向道光皇帝送上奏折，"林则徐襄办河工，深资得力"。王鼎希望通过这本奏折，促使皇帝重新起用林则徐，至少可以赦免林则徐的流放罪。

祥符堵口告成，河工庆祝宴会上，王鼎请林则徐坐在首席，对着一起治河的官员、河工，王鼎高声赞扬林则徐的功绩。

大家开怀畅饮时，皇帝的圣旨到了。"祥符堵口工程合龙后，林则徐仍往伊犁。"

离开祥符，到达洛阳时，已是次年的 4 月。儿女亲家叶申芗在洛阳任河陕汝道，留着林则徐在洛阳住了几天。

5 月中旬，林则徐走到西安。突然生病，卧床不起。只好请病假，租了一间房子，住了下来。

经过两个月的医治，8 月份，暑气开始消退时，林则徐病情转好。

养病期间，林则徐得到了镇江失守的消息。此前，6月份，英军突破陈化成防线，攻陷吴淞炮台。

得到这些消息，林则徐大为吃惊。心中清楚，这一次，道光皇帝一定会把战争的罪责往自己身上推，把他像破鞋一样扔掉，把他的名字从政治舞台上抹掉。

经过长途跋涉，林则徐9月3日到达兰州。当地官员热情慰问。在兰州，林则徐休息了几天，了解到中英在南京议和。

9月11日，嘉峪关，林则徐骑马出关。13日到了玉门。突然接到邓廷桢从伊犁寄来的一封书信。"我已到了伊犁，已经为你找到了一处寓所。"林则徐也希望早日到达伊犁，跟老朋友邓廷桢促膝谈心。

12月10日，冰天雪地里，林则徐终于走完赴戍征途，到了伊犁惠远城。从镇海开始算起的话，这段路走了17个月，其中，从西安到伊犁走了整整4个月。

到达惠远城的当天，邓廷桢、庆辰等朋友赶来迎接。大家七手八脚帮着林则徐安顿下来。伊犁将军布彦泰派给林则徐"掌粮饷处事"的差事。

看到林则徐虚弱的身体，布彦泰关照他"安心调养"。

一边养病，林则徐一边找布彦泰借看邸抄（类似于当代内部参考消息），从中了解朝廷动态，了解中英之间和与战的动向。

从借来的邸抄中，从家人、朋友的来信中，林则徐渐渐了解到，清王朝高层与英国之间，由对抗走向议和，中国社会的发展进程正在发生新的转折。朝廷大臣倾向于与英国议和，而不是抵抗。

1843 年 8 月的一天，林则徐得到消息，道光帝已做出决定，释放邓廷桢。9 月 10 日，邓廷桢离开伊犁，起程进关。

9 月的一天，在看邸抄时，林则徐看到一条消息。7 月 20 日，道光皇帝释放了前河南督粮道淡春台，而且赏给六品顶戴，原因是淡春台在新疆招募 100 户眷民，在巴尔楚克搞屯田工程。

林则徐突然产生一个感觉，在伊犁这样一个西部边陲地域，屯田戍边是很好的向朝廷效力的途径。

这天，林则徐找到布彦泰，"阿齐乌苏这个地方，是一片荒废的土地，放在那里实在可惜。我来捐出一部分资金，招募民众，努力在那块广阔的土地上种出棉花来"。

"我支持你的想法。我这里补助一些资金，你来组织人手，你来实施方案，把那块荒地变成新疆的产棉区。"

林则徐召集一批人手，大家带着家眷，扛着农具，拎着棉花种子，走进阿齐乌苏这块原本荒无人烟的沙漠绿洲。

1843 年腊月里的一天，道光坐在案桌前，翻看各地大臣送来的奏折。他脑子里在想着一件事，派到南疆负责开垦屯田的伊犁参赞大臣达洪阿因为生病，请病假在家里养病。南疆屯田这项工作，交给谁去做，能让自己放心呢？

翻到布彦泰的奏折，里面一行文字，吸引了道光的眼球。林则徐出资，召集人手，在阿齐乌苏垦地，原来的荒地，变成棉花田。

看着这几行文字，道光十分高兴。终于找到了一位让自己放心的人。

"谕令林则徐赴南路阿克苏、乌什、和阗，查勘该地的土地利用情况。"接到皇帝的谕令，林则徐欢喜非常，带领人手，立即起程，向南疆进发。

一行人马走到乌鲁木齐，从当地官员口里，林则徐得到一个消息。鸦片战争中，清军战败，不得不签订《南京条约》。这一次，大清赔给英方的烟价、出兵费，数目巨大。朝廷上下，变得十分拮据，官员的工资也没有办法按时发放。朝中大臣，一片哀叹之声。

听着这些消息，林则徐心情十分沉重。

3月份开始，林则徐会同全庆开始垦地的查勘工作。到10月份，林则徐查勘了八大城池的垦地，行程3万里，测量69万亩。

在日记里，林则徐写道，"沿途目睹大部分地区得不到开发，成片的好土地荒芜在那里，十分痛惜"。"八大城池的土地，如果照苏松太道那样兴修水利工程，广种豆棉，美景获利均不减东南"。

林则徐托人从家乡运来几部纺车，请来几位家乡的纺纱织布高手，将江南的纺纱织布技术，手把手，向新疆少数民族推广。

1845年11月，林则徐突然接到道光皇帝的圣旨，"释放林则徐，赏四品京堂，回京候补"。

五

12月，林则徐结束新疆屯田的周勘事务，返回北京。走到中途，接到道光皇帝发来的圣旨，"不必来京。赏赐三品顶戴，署理陕甘总督"。

1846年1月，林则徐到达凉州，接手陕甘总督职务。

一波接一波的消息传来，"凉州藏族部落劫掠官厂""甘肃藏族部落抢劫边民的牛马""青海藏族部落杀戮官弁"。林则徐接到皇帝谕令，"部队驻扎凉州，陕甘总督林则徐负责查办藏民事件"。

接到谕令，林则徐立即率领手下人马奔赴凉州城。到达凉州时，四处抢劫的藏族武装队伍已经完成抢劫任务，打起背包，回到青海一带。凉州附近的局势平静下来。

此时已是天寒地冻，林则徐没有歇着，召集官员开会，策划、讨论春天积雪融化后的军事行动，要求队伍加强训练。

1846年3月，林则徐到达西宁市。西宁的监狱里，关押着板什夹、王吉才等人，这些人配合藏族武装起事。到了西宁市，林则徐立即提审这些人，调查了解藏族武装起事的原因。

一天，突然得到消息，邓廷桢释放后，任陕西巡抚。4月15日，在西安住所里病死。

失去老朋友，林则徐十分悲痛。随即他接到道光皇帝圣旨，"任命林则徐为陕西巡抚，目前仍须暂留甘肃，协助陕甘总督布彦泰办理青海番务。俟办竣后赴任"。

一个消息传来，会剿黑错寺的清军失利。

黑错寺喇嘛头目，鼓动四沟地区的藏族佃户，每家出人出马，每户出刀出箭出鸟枪，组成1700余人的队伍，多次打死打伤前往进剿的清军官兵。

林则徐得到消息，立即找布彦泰商量对策。两人做出决定，任命西宁镇总兵站柱为统带，带领援军，进剿黑错寺。

驻扎黑错寺附近的清军力量得到加强，随即向黑错寺发动进攻。一举平定黑错寺叛乱。

黑错寺叛乱平定，其他地方的藏族人受到震慑。林则徐决定，趁势而上，加强清军在陇西、青海地区的武装力量。

8月，林则徐前往西安，赶赴陕西巡抚新任。

8月30日到了西安，坐到陕西巡抚的案桌前，林则徐发现，桌子上堆了一大堆文件。细细翻看，林则徐看到，这些文件分别来自西安、同州、凤翔、乾州等地的地方领导，反映同一个问题。这些地方，去年秋天到冬天，没有下雨，旱情十分严重。许多地方的农民，田里地里，普遍没有收成。

许多人家，家无隔夜粮，全家靠要饭过日子。一批接一批的人，变成饥民。有些饥民怀里揣上一把尖刀，变成刀客。"或聚众黑夜抢劫，或结伙白日乱掠。"看着文件里这两句话，林则徐心中吃惊。饥民事件已经相当严重，如果处理不当，可能激化、演变为社会动乱。

接下来，该如何办？林则徐想到自己在江苏治理水灾时那些成功的做法。

林则徐做出决定，立即从三个方面入手，一天都不能等待。

第一方面，面对成群结队的饥民，大施仁政，要求官员、富户打开粮仓，开仓济民。第二方面，上奏皇帝，如实报告当地的旱灾情况，请求缓征钱粮。

以国家政策的形式，林则徐发布政令，"官吏开仓平粜，官府收养饿莩"，"对富人，政府官员出面，立即行动，对他们倡捐劝济"，"有家有粮食的地主豪绅，政府官员出面，劝他们伸出手来，急公好义"。要求各级政府各个部门，做出以上每项工作的时间表、进度表。要求政府官员，以部门为单位，设局散赈。

第三方面，视察军队，训练军队。向军队发出明确指令，"对持刀硬讨的刀客，严厉缉捕；对举刀造反的饥民，严拿严办"。"对造反的人，在荒年尤不宜宽。眼下情形，犹如枯木荒山，必须严禁火种上山。"

仁政与严捕双管齐下，严重旱灾下的陕西地区，政局没有出现大的波动。这年年底，渭南等地抓捕的刀客、案犯有 140 多名，潜在的"火苗"一个个被扑灭。

这年年底，下了一场大雪，旱情有所缓解。

由于土地遭受干旱的时间太长，不少地方仍然是风过扬尘的赤地。林则徐组织一帮人手，着力策划兴修水利工程的方案，期望蓄积丰水年份的水，浇灌干旱年份的土地。1847 年 6 月，再次接到道光的调令，"调林则徐为云贵总督"。水利工程的方案，只得束之高阁。

"28 年前，我曾经出任云南乡试正考官，那时的云南真可谓承平盛世，百业兴旺、才子辈出。历经 28 年的发展，眼下的云贵不知容颜是否更加美丽？"一边向昆明进发，林则徐一路想着。

1847 年 7 月 31 日，林则徐到达昆明，正式走马上任。

案桌上堆满各地的报案。细细翻看下去，林则徐一声长叹，如今的云南，已是遍地烽烟，残破凋零。如果说 28 年前，那时的云南是一位美丽无比的少女，眼下的云南，已经变成满身疮痍的病婆娘。

连续几天翻阅案卷，林则徐有一个发现。这里回民与汉民杂居，每到秋收季节，常常起争端。打家劫舍的民众，往往趁着对方家里秋天收下粮食，突然之间，呼啸而起。

现时已是 8 月，秋收即将到来。眼下就要做好第一件事，在民众中树立官府形象。林则徐发出命令，"安顿流散各地的回民"，要求各级政府，拿出具体措施，做到"回民归复原处，有产者清产还之，无产者给土地，给种子"。政府官员，必须十天内拿出具体措施清单，落实到人到户；拿出实施的时间表。

一天下班后，林则徐在院子里转悠，看着院子里一棵高大的樟树，脑子里一个想法一闪而过。今天一整天都在处理回民的问题，有没有办法，让回民与汉民之间的问题，不成为社会问题呢？

看着高大的樟树，林则徐想着，为什么这棵树能长得这么高大，狂风暴雨为什么摧毁不了它？原因在于它的身上有两样东西，一是长在地里面的粗大的根，一是长在天空里那粗壮的枝干。

一个社会群体不也是一棵大树吗？要让这个社会经住风雨，能扛住风浪，一定要有自己的粗根、粗枝。那么，哪些人是这个回汉民杂居社会的根、枝呢？

沿着这个思路，林则徐找到了这个问题的答案。无论汉族还是回族，他们之中，都有一种人，有土地的地主，族里的上层头人，这些人，就是社会这棵大树的粗根、粗枝，对他们，要不加歧视地给予扶植、合作、强化。不能因为枝干是歪的、斜的，就去砍掉；不能因为根是扭曲的，就去挖掉。作为官员，要给他们充足的阳光、水、肥，通过他们，通过他们这些大大小小的结，结成一张网住这个社会的网。通过这张无形的网，就会有力地消弭那些看得见、看不见的反清抗官的力量。通过这张网，就能在这个复杂的林子里，达到回汉共生的目标。

林则徐正在努力地经营这张网时，11月22日，郑夫人因病去世，林则徐十分悲痛。"人到暮年，遭此打击，情何以堪！"

1848年2月，林则徐接到皇帝的谕令，"赶赴大理，驻扎督办保山练匪案"。3月初，到达楚雄，得到消息，"赵州弥渡回民，起事暴乱"。

身上得恶疾，必得用苦药。林则徐一边想着，一边向清军发出命令，"即刻移军弥渡，剿除暴民"。

强大的清军，向弥渡的回民扑过去。不久传回消息，"大军胜利剿除起事回民"。

率领得胜之军，林则徐继续向大理进发。

在大理，林则徐发布命令，"依着我们掌握的消息，搜捕与保山城练匪相关的人，把他们安放在我们四周的眼睛，全部毁掉"。军队立即行动，逮捕一百多名嫌疑人员。

林则徐率领大军继续向保山城方向推进。3月下旬，大军到达永平。林则徐下令，根据事先掌握的情报信息，在全城搜捕一切可疑人员，继续扫除敌人暗中埋伏在官府四周的眼睛。

大军到了永昌城，离保山城越来越近。林则徐发出布告，"对保山城练匪，决不宽待。必定扫平保山"。

得到消息，失去"眼睛"的保山城练匪，面对眼前的得胜之军，越来越惧怕。一哨接一哨的练匪，黑夜偷偷出城，向清军缴械投降。

4月底，清军向保山城练匪发起进攻。5月初，剿除保山城练匪。接着，林则徐下令，"保山城投降的回民二百户，迁居到官乃山居住"。

官乃山距离保山城二百里。用移民方法，来削弱城里回民的反抗力量，达到化而解之、分化瓦解的目标。

半年多的时间里，林则徐率领清军，成功扑灭云南回民起义。四处冒烟的政治形势，暂时得到稳定。

道光皇帝接到林则徐奏报，十分高兴，发出嘉奖令，"加太子太保衔，赏戴花翎"。

1849年5月，道光皇帝再次派遣林则徐率领大军剿灭邓川州俫俅族、腾越厅山地少数民族起义。到6月，林则徐成功完成平定暴乱的任务。

胜利之时，林则徐心情沉重。问苍天问大地，长治久安之方，你长在哪里？

六年之后，1855年，云南再次爆发以大理为中心的回民起义、以弥渡为中心的彝族起义。林则徐苦心弥合的社会安稳秩序，随即化作过眼云烟。林则徐遇到的，是封建体制的大难题。无论是血淋淋的"大刀"还是开仓放粮的"仁政"，历史证明，有的能缓解疼痛，有的能去掉眼前的毒瘤，但都不是济世良方。

早在谪戍伊犁期间，林则徐就注意到，银贵钱贱的问题越来越严重。在陕甘、云贵当政期间，林则徐有一个强烈的感觉，这个社会大问题，越来越突出。住在北京的那帮子大臣，围绕在皇帝的身边，然而，却没有一个人能拿出解决问题的有效办法。

银贵钱贱问题的根源是摆在那里的，大家都眼睁睁地看着——鸦片走私贸易的规模越来越大。

为什么陕甘、云贵到处有暴民起义？林则徐细细地琢磨着，除了天灾，银贵钱贱这个原因，也是其中之一。整个社会，从上到下，所有人都穷了。底层的穷人，更是到了揭不开锅的地步。社会民众抹着眼泪过日子，政府呢，也穷到国库见底。"税金不能入库，国家濒于破产。"

现在，政府的解决方案，就是一个，巧立名目，向社会民众伸手要钱，力图摆脱财政枯竭的困境。

这个办法，能奏效吗？这么些年来，这些按倒葫芦浮起瓢的民众暴动事实，明确无误地证明，巧立名目加大税收的办法，是死路一条。

还有没有办法解决这个财政难题？吃过晚饭，在后院大樟树下遛弯子时，林则徐就拿这个问题来思考。

解决这个难题的根本办法是禁烟。现在，这个是我林则徐的禁区，我只要在奏折里提到这两个字，皇帝就一定手拿刀子来追我。唉，这不只是我的禁区，怕是所有大臣的禁区了。没有大臣有胆量在皇帝那里扛出"禁烟"的旗子。

还有没有别的办法？有一天，林则徐伸手摸着口袋里的一锭白银，突然想到白银的来源——银矿。

想到开采银矿这条道路，突然犹如黑夜里发现一盏闪着亮光的灯。如果能大量地开采银矿，白银不就哗啦啦地来了吗？银贵钱贱的经济难题岂不迎刃而解？

如何开采呢？在云贵，政府拥有大量的银矿矿山，但没有资金投入。开采矿山的资金在哪里呢？

沿着这个思路，林则徐终于想出一个办法来，随即发布公告，"政府所拥有的银矿，政府缺少资金开采。现召集商民，任其朋资伙办。成则嘉奖，歇亦不追"。

夏至以后，天气越来越热，林则徐经常头晕，有时精神突然之间变得萎靡不振。郑夫人死后，一直没有安葬。依着家乡的风俗传统，要把郑夫人的棺柩运回福州林家祖坟山安葬，否则，客死异乡，葬于外地，就成为孤魂野鬼。这件大事，一直压在林则徐的心头。

1849 年 7 月 3 日，林则徐上奏章请假治病。8 月 5 日，病情加剧，再一次请求皇上开缺回乡调治。9 月 10 日，道光皇帝下旨，同意林则徐回老家治病。

10 月 12 日，在长子林汝舟陪护下，带着郑夫人的棺柩，林则徐离开昆明，回福州老家。

1850 年 2 月，林则徐走到江西南昌，病情加重。暂时住在百花洲，治病调理。40 天后，起程南下。4 月 14 日，回到故乡福州。

福州已经成为通商口岸。回到家乡，林则徐不久就发现，眼下的福州，"江河日下，穷不聊生"。原因在于三大害，"洋烟也，花会也，举商而继以捐资也"（毒品，赌博，苛捐）。当下民间流行一首禁烟歌谣《抽不得也，哥哥》："毒草传遍芙蓉城，试问近来禁烟，罪贩若何？"

6 月份，一群英国商人，在城内神光寺租房子居住。

"这些英国商人，跑到我们福州来做什么？""他们不是诚心来做生意，他们是以做生意为幌子，实际上他们这些人是偷偷贩卖鸦片的毒贩子。"消息在福州民众中传开。

林则徐听到消息。虽然没有去翻看英国商人箱子里的货物中是不是带有鸦片，凭感觉，林则徐认定，这些英国商人来到福州，绝不会带来什么好商品，一定是偷偷贩卖鸦片。

反复思考之后，林则徐决定打破自己在鸦片问题上"守口如瓶"的信念，向当地官员发起挑战，促使当地官员，在鸦片问题上，在英国商人入城问题上，狠下决心。

林则徐联合当地的一批绅士，向侯官县令呈送公启，要求禁止英人入城。接着，向福建巡抚上书，带头写联名信，要求对英国商人坚决驱逐。

1850 年 2 月 25 日，道光病死，咸丰宣布继位。

在广西，民间组织太平天国兴起，接连爆发起义。

咸丰派出清军，前往镇压。到了 5 月份，一个可怕的消息在大臣之中传开，"清军镇压越猛烈，天地会组织越是向外蔓延、扩散"。

为什么这团火越扑越旺，莫非它的底下是一摊油？大学士潘世恩反复想着这个问题。现在需要一个人，一个既能用沙子扑火，又能挖泥土埋油的人。沿着这个思路，潘世恩想到了林则徐。那个能扑灭回民起义大火的人，既有硬的一手，指挥清军剿灭练匪，又用抚的一手，安置、救济难民。

潘世恩立即将起用林则徐的奏章送到咸丰皇帝的面前。

6 月 12 日，咸丰皇帝做出决定，"宣召林则徐进京，听候重用"。

林则徐因为得了疝气病，病未痊愈，上奏章婉辞。

10 月 17 日，咸丰皇帝再次下达谕旨，大意是：四个月过去了，你的身体应该养好了吧？现派你为钦差大臣，迅速赶赴广西，荡平天地会，安稳南疆。

养病的这段时间，林则徐没有歇着，眼睛盯着广西那边的局势。看着广西太平天国运动愈演愈烈，不顾病体刚刚好转，11 月 5 日，从福州出发，直奔广西。

12 日，林则徐到达漳州。疝气复发。忍着病痛的折磨，林则徐继续赶路，16 日，赶到广东潮州。这天，突然上吐下泻。林则徐挣扎着起床，继续向前赶路，到达普宁县城时，人进入昏迷状态。22 日早上，林则徐再也没有能够起床，倒在了普宁的行馆中。临死前，林则徐望着北方的天空，缓缓说道："臣未效一矢之劳，实切九原之憾。"

带着遗憾，林则徐走完了辉煌又曲折、腾达又坎坷的人生征程，他严禁鸦片的光辉，永远照耀在中华民族的丰碑上。而他在临危受命时向家人铭志的两句诗，现已成为互联网最流行的网络语言，激励着一代又一代中华儿女慨然冲锋，勇往直前：

苟利国家生死以，岂因祸福避趋之！

沈葆桢

强国海军梦

宫巷 11 号，沈葆桢家。大厅天井五进五出，面积 1500 余平方米。二、三两进主厅，矗立七根雕花大柱，并排五间厢房，大气宽敞，富丽豪华。荣华富贵之宅，钟鸣鼎食之家。

沈葆桢的母亲林蕙芳，林则徐的六妹；沈葆桢的妻子林普晴，林则徐的二女儿。

沈家在宫巷，林则徐家先在左司营后迁居文藻（现鼓西文化路），离三坊七巷都不远，傍晚散步就能走到。

沈葆桢 20 岁中举人，27 岁中进士。35 岁时，出任九江知府。41 岁，1861 年，任江西巡抚。平均每隔七年，往上跳一级。

同治四年（1865 年）的一天，沈葆桢接到消息，"母亲生病"，立即请省亲假回家探望。赶到家时，母亲已离世数日。沈葆桢请丧亲假（丁忧），随后在家中住下来。

朝廷发文，"赏假一百天治丧"。一百天期满，沈葆桢向朝廷送出一封信，"请求在籍终制"。随后，将三间朝街的花厅门打开，作为铺面，开起"一笑来"裱褙肆。每天埋头写对联，写门头，写团扇，写招牌。高官厚禄我不稀罕，笔墨堆里有我美好的人生。过着自由自在的市井生活。

有一个人，下定决心，决不让他过远离官场的美好时光。

同治五年（1866 年）五月的一天，闽浙总督左宗棠向皇上捧上一本奏折。"自海上用兵以来，泰西各国火轮、兵船直达天津，藩篱竟成虚设。星驰飙举，无以当之。臣愚以为欲防海之害而收其利，非整顿水师不可；欲整顿水师，非设局监造轮船不可。"

20 天后，皇上降旨，"准许左宗棠所奏，福州成立船政局"。

接到皇帝指示，左宗棠立即行动，搭建班子，寻找人才，组织资金，打造船政局。

左宗棠在南方的天底下忙活，在西北方的天空，尘土飞扬，陕西、甘肃、新疆回民爆发起义。

接到军情急报，慈禧当即想到一个人。"左宗棠在马背上混大，扑灭太平军，剿平捻军，都是一把好手。就是他了，他一准能帮我搞定这帮子草寇。"随即发出诏书，"升左宗棠为陕甘总督，剿灭暴乱的回民"。

看着皇帝发来的诏书，左宗棠有一个非常不好的感觉，我这一走，奔赴西北边陲，福州这里的船政局一准要夭折。大清要面对的，今天是剿灭太平军、剿灭捻军、剿灭回民起义，是陆地上的战争，明天呢？必定是海洋上的战争。与陆地上的敌人比，海洋上来的敌人，更有实力，更加可怕，威胁更大。现在不动手，不做准备的工作，不建成海洋强国，将来，大清就一定没有将来。就如一棵树，青年时，不培根护土，不积极施肥，等它老了，再怎么努力，也是白费。船政局，这棵大树一定不能倒，这必定是大清向海洋强国前行的根基。护住这棵树的木桩，该钉在哪儿呢？船政局这棵大树，该捆在谁的身上呢？

思想进到这一层，眼前突然现出一个人来。当年，林则徐提出

"制炮必求极利，造船必求极坚"的论点，被道光皇帝大加指责"一派胡言"，那时沈葆桢就极力赞成林则徐的观点。

而沈葆桢眼下正在家里卖字画为生，他之所以不屑于做官，决不是他不想做官，而是他不愿意做一个混日子的官，不愿意做一个捞钱的官，不愿意做一个混关系网的官。现在，一个历史的责任，一个重大的历史使命，一个迫切的国家需求就在眼前，他的肩膀必须承担起来。想到这里，左宗棠望着蓝蓝的天空，望着天空里的云彩，望着院子里高大的樟树，自言自语道，"是的，他一定不辱使命"。

左宗棠敲开沈葆桢府上的大门，双脚迈进沈家大院。一边喝着沈葆桢双手捧过来的香茶，一边细细观赏"一笑来"裱褙肆墙壁上装裱精美的字画。

"敬佩啊，敬佩，干一行，爱一行，精一行。丢掉高官不做，丢掉厚禄不享，沉醉在爱好的世界，问世间能有几人？"左宗棠满脸欣赏、羡慕。

"左大人不在公堂打理公务，私下来敝舍小店，莫非是以书画会友？"对于左宗棠突然来访，沈葆桢一头雾水，满脸狐疑。

弄清楚左宗棠的来意，弄清楚左宗棠把造船航海作为"自强求富"主张的强力抓手，沈葆桢的眼睛望着墙壁上那些顿挫有力、张弛有序、笔海行韵的字画，慢慢地往左宗棠眼前的功夫茶杯里添上新水，缓缓说道："左大人，你真的是走错了店铺，找错了人。"

左宗棠从八仙椅上站了起来，深沉地说："要造出世界上一流的战舰，资金、技术、人才、设备、材料，困难万千。朝廷里那些死脑筋人的口水，汇成大河，泛滥成灾。但是，历史的使命，容不得我们退缩。当今天下强国如林，他们首先从海洋上冲过来。如果大海上我们筑不起万里海疆，我们还拿什么保护子孙？你可以沉醉在你的字画里不问世事，坐在'一笑来'里笑看天下，远避黑暗的官场。我手头有一笔资金，我也可以回家办一个'再笑来'钱庄，每天坐在家里数钱，快乐无边。"

从窗外收回眼光，看到沈葆桢低头不语，左宗棠放低音量，继续说道："我这辈子做了很多的错事，但是，我相信，我这一次，绝对是走对了门，看对了人。"说完，打躬作揖而去，留下沈葆桢一个人坐在那里静静地思考。

走在回家的路上，左宗棠有一个感觉，将船政事务交到沈葆桢手上，一定放得下心，睡得着觉。回到家里，立即上书皇帝，力荐沈葆桢。

看着皇帝圣旨上的四个小字"不准固辞"，沈葆桢收拾起"一笑来"裱褙肆，决心到风浪无边的大海，放手一搏。1867年7月，沈葆桢正式上任，接手船政局。

一个月后，在福建马尾，购进场地200亩。征地拆迁不久完成，工程全面动工。沈葆桢正式将"近代中国工业与海军人才摇篮"摇了起来。

"先进的技术，就必须要有先进的头脑。西洋的技术，就必须要有西洋人中顶尖的头脑。"沈葆桢睁大眼睛，找到了两个法国人——日意格、德克碑。聘请两人担任船政正、副监督。再由这两位监督亲自动手，在欧洲寻找合意的技术人才。陆续招来洋匠52人，分别担任监工、矿师、匠首、教习等职务。

随着人才陆续就位，从欧洲采购的造船材料也一批批运进场地。

"聘请洋师洋匠，只能解决一时之需。长久之计，当是培养我们自己的人才。"说干就干，105名学童被招进"求是堂艺局"。该局分设前后学堂，前学堂学制造，后学堂学驾驶。前学堂用法文授课，设蒸汽制造、船体制造两个专业；后学堂用英文授课，设驾驶、管轮两个专业。

学生除学习专业课，还必须学习数学、地理、天文气象、航海等通用科目。

1872年，学童增加到300名。学生入学前，沈葆桢亲自挑选。入学后，每三个月考试一次。"一等者，赏银十元。""三次连考三等者，斥出学堂。"

站在办公室的窗户前边，看着学生出入学堂，沈葆桢心情激动，"十几年后，人才蒸蒸，无须求于西人"。

沈葆桢船政大臣任上九年，造出11艘军舰、5艘商船，船厂发展到600亩，造船、驾驶、学堂等厂30多个，工人3000多人。造出的船舰，装备中国第一代海军。

1873年，沈葆桢上书朝廷，建设、巩固海防，需要高层次造船业工程技术人才，需要熟悉防务的高层次的海军军官，建议选派学堂优秀学员，分赴英、法两国深造。

正当沈葆桢在船政大臣任上放手搏击时，一股腥风恶浪在大海的对岸忽地而起。

1874年5月，一份军情急报送到同治的桌前，"十一艘日本军舰，载有三千五百名日本兵，突然袭击台湾。日本兵登陆后，见人就杀，见物就抢"。"台湾千余里地面，竟无一炮。"

几天后，沈葆桢接到同治派专人送来的诏书："以巡阅为名，前往台湾生番一带察看。不动声色，相机筹办。"

看着诏书上的文字，沈葆桢决定，立即带兵前往台湾。

"任命沈葆桢为钦差，办理台湾等处海防。"看着沈葆桢发回来的台湾紧急情况考察报告，同治立即下诏。

沈葆桢当即就任，率领"扬武""振威"等四艘军舰，前往台湾、澎湖，"我战舰在海面游弋，既断敌后援之路，又保护我东渡将士"。6月，他带领陆战队将士，登陆台湾。站在指挥舰上，向着身边的将领，沈葆桢说道："入侵者三千五百人，无根无基。没有税收收入，没有给养补充。我们把自己武装起来，强大起来，侵略者必入内外交困之境。"

沈葆桢双脚踏上台湾地面，立即发出第一个行动指令："动员民众，构筑工事设施。对入侵者坚壁清野。"

很快，台湾各地聚集而来的抗日民众，达到一万多人。接着，大陆派来的洋枪队精锐部队，达数千人。

看着新修筑的工事，看着每日里操练的洋枪队，看着当地组织起来的民众操练的队形越来越整齐，听着他们的喊声越来越响亮，沈葆桢一个感觉越来越强烈：我们的武装力量，总体上大大超过日本兵力。我方军队的信心，已经变得越来越强。我这里念动拖字诀的条件已经成熟，现在需要朝廷在外交上下定决心，不惧怕得罪日本。

9月，沈葆桢向皇上送出一封奏折。"如果日本猖狂地提出无理要求，恳请皇上坚持定见，下定与日本抗衡到底的决心。"（原话：倘妄肆要求，伏恳我皇上坚持定见以却之。）

11月初，突然得到消息，中日之间已于10月30日签订《北京专条》。大清赔给日本 50 万两白银。

沈葆桢拍着桌子大骂，"倭奴提心吊胆而来，今得给求而去"，"未受惩创，反而得利"。

12 月底，日军退出台湾。沈葆桢决定留下来。

沈葆桢将一封奏折送到同治的案头。"台湾海外孤悬，七省以为门户，其关系非轻。""台地沃饶，久为异族垂涎。""虽外患暂平，旁人仍虎视眈眈。行未雨绸缪之计，正在斯时。"

如何加强台湾与大陆的联系？沈葆桢提出，"福建巡抚，冬春两季驻台，夏秋两季驻省"。方案得到朝廷批准。福建、台湾两地，归到一个行政长官的管辖之下。

沈葆桢派出人手，到台湾各地考察，不久，送出第二封奏折。"台岛开发地方，限于西部平原。东部广大地区，草莽生番之地。"提出建议，招募大陆百姓，免费乘船到台湾垦荒，官方提供口粮、耕牛、农具、种子（募民前往，与地使耕）。

看到"募民前往，与地使耕"八个字，刚刚登基的光绪有了一种感觉，花小钱办大事。随即发布台湾垦荒招募诏书，"废除渡台禁令，与民耕种，听利其便"。

资料显示，海禁前，台湾居民仅 3 万人左右；到 1892 年，居民猛增至 254 万人。

沈葆桢正埋头修筑安平炮台、金城炮台，忙于修缮道路，建设"番熟"，招收高山族子弟入学，引进洋机器开采当地煤矿，发展台湾经济。1875 年的一天，在台湾钦差任上一年零十五天的日子，沈葆桢突然接到皇帝诏书，"升任两江总督兼南洋通商大臣"。

沈葆桢一眼就看出皇帝的心思。"台湾地方太小，你的才能太大。苏、皖、赣，大清最富庶三个省，你来帮我打理。别的人，真的不行。"虽然没有亲耳听到皇帝这么说，但是，皇帝的这个意思，沈葆桢隔空听音，明明白白听出来了。

坐在两江总督的职位上，一边做着兴修水利、整顿盐务的工作，沈葆桢心里还在牵挂着一件大事。船政的大事，我已交接到北洋帮办大臣丁日昌的手中。派遣海外留学生的事，还没有任何动静。这件大事，我一个人向皇上请提，或是丁日昌上奏折，现在看来，都达不到目的。还有什么办法吗？

1877 年 1 月，沈葆桢终于想出办法来。一个巴掌拍不响，两个巴掌响当当。我来找直隶总督、北洋大臣李鸿章，共同联名上奏折。

联名奏折提上去。几天后，收到光绪的批复，"同意沈葆桢、李鸿章建议案，派遣海外留学生赴英法学习"。

接到皇帝诏书，丁日昌立即行动，从学堂中，挑选出 38 名学生，公费派往欧洲留学。**严复就是这批留学生中的一位。**

光绪五年（1879 年）十一月初六，沈葆桢死在两江总督任上。就在几天前，他向皇帝送出一封奏折，再派一批船政学生，到欧洲留学。大清要强大起来，必得一大批精兵强将。弥留之际，他请四子沈瑜庆草拟遗疏，喘着粗气大声喊，"铁甲船不可不办，倭人万不可轻视"。

沈葆桢终年 59 岁，客死异乡。灵柩千里迢迢运回家乡福州，永远与日思夜想的故乡山水为伴。

船政局共制造军舰、商船 40 艘。一大批人才从船政学堂涌出。

首批留学生中，陈季同将《红楼梦》《聊斋志异》及礼教书籍翻译成法文，在法国出版刊行，引起欧洲轰动。严复将西方生物学、哲学、经济学著作介绍到东方，震动中国。邓世昌、刘步蟾等一大批海军舰长，成长为新一代海军将领。

陈宝琛

抗击法军，路途艰难

走到文儒坊 47 号，一块大大的御赐牌匾挂在那里，蓝底金字，"六子科甲"。这是世世代代任何人想求也求不到的荣耀，六个儿子，全部科举考试中榜，三个进士，三个举人。六子登科，古代行酒令里的一句吉祥话（行酒令：五子登科，六六大顺），在陈承裘家变成现实。

陈承裘为什么这样厉害？当代的人，也不禁发出感叹。

陈家是传说中的"世代簪缨"之家，代代做部长级、省长级的大官。

远在明朝嘉靖十七年（1538 年），陈家出了第一代进士陈淮，官至吏部。

清乾隆五十二年（1787 年），陈若霖中进士，官至四川总督、工部尚书、顺天府尹。

陈若霖次子陈景亮，举人出身，官至云南藩司。

陈承裘是陈景亮的儿子，咸丰年进士。刑部主事，后来退居故里，一心一意培养自己的六个儿子。

或许他自己也没有想到，六个儿子犹如六个大炮弹，没有一个是哑弹。最让他骄傲的是大儿子陈宝琛，12 岁中秀才，17 岁中举人，20 岁中进士。他的邻居郑孝胥中解元的第二年（1883 年），陈宝琛（比郑孝胥大 12 岁）已经官至内阁学士、礼部侍郎。

翻看近代史书，有时看到"枢廷四谏官"的美名。这四个人，指的是陈宝琛、张之洞、张佩纶、爱新觉罗·宝廷。四人不只是性情相近，交往甚密，相互之间有着深厚的友谊，而且在皇帝那里他们敢于直言，不惧怕权贵势力。

对于国家安危，陈宝琛大胆献计献策，向慈禧、光绪上奏的奏章，达数十本之多。其中很多意见，被慈禧采纳。在大臣中，获得很高的声誉。

1882 年的一天，陈宝琛得到确切的消息，"法军占领越南河内，开始向北部推进"。看着窗外明晃晃的阳光，摸着手里的紫砂茶壶，陈宝琛有一个强烈的感觉，法军的目标是什么，是越南全境吗？一定是大清的南部江山。南部中国，才是法国的真正目标。现在就必须采取措施，否则等到法军打到两广，就一切都晚了。

连夜动笔，陈宝琛起草奏章。秦至五代，越南北部都是中国的郡县。到宋代，越南才开始立国。今天的越南，是大清的藩属国。"唇亡齿寒，不可坐视其乱。果断举义师，以平其难。"

奏章送到光绪的案头。两年时间过去，清军没有一丝调动迹象。

两年后，1884 年 3 月，法军做完进攻前的准备工作，突然向北宁、山西（不是山西省，是当地的地名）中国守军阵地发起进攻。

5 月，陈宝琛接到圣旨"委任为钦差会办南洋大臣"，立即启程赶往两广。

6 月，法国陆军向谅山发起进攻。

7 月，法国海军舰队，来到闽江口，接着向马尾港前行。

从闽江口到马尾港，中间有 89 里的水路。沿途山林起伏，水道中暗礁密布。沿岸山林里布置军营，设有众多炮台。

法军十几艘军舰，如入无军之境，浩浩荡荡、顺顺当当开了进来。

"中国军队都睡着了吗？"

答案是，他们接到了船政大臣的命令"严谕水师，不准先行开炮，违者虽胜亦斩"，"不准发给弹药，不准无令自行起锚"。

"现在正值落潮，听我的命令，对准那些排放整齐的中国舰船，一齐开炮。"法国海军司令官孤拔发出炮击指令。

一场奇怪的战斗开始。中国船舰的官军等着法军舰艇上的炮弹打过来，这才还击，而弹仓里还没有装填炮弹。

法国舰队炮击 40 分钟，福建水师 11 艘军舰全部中弹，860 名官兵的遗体裹挟着木块、帆布片"累累蔽江而下"。

孤拔再一次发出命令，"开动小轮船，架设机关枪，扫射那些在江水中乍浮乍沉有如凫鸭的中国官兵"。8 月 23 日这一天，阳光灿烂，马江江面上，时而听到法国机关枪扫射的声音。这一天，滔滔江水呈殷红色。

钦差大臣兼南洋大臣陈宝琛不是来前线了吗？这会儿去了哪里？

还在 7 月的时候，陈宝琛就已经到了南方地面。沿路走来，都在细细考虑如何抗击法军的方案。突然，一天之内接到三道谕旨。

"北上天津，会同李鸿章，妥筹中法和议细目。"看着谕旨中的这句话，陈宝琛气得大骂，"才到南方，又要北上；还没有同法军开战，就要急着议和。你们这些人啊，急什么急。总得同法军见个高低吧？连打仗的勇气都没有，如此惧怕法军，那还有什么可和议的呢，举双手直接投降就是了。在这伙手拿武器行讹诈之术的国际骗子面前，不去跟他们拼命的话，他们哪里拿正眼瞧你？他们只会抬起他们高贵的双脚往我们低贱的脊梁上踩。"

陈宝琛当即起草回电，"拙于辞令，不习洋情。筹防义不容辞，谈和才实不逮"。

请辞电未获批准。

得到马尾港福建水师惨遭法军炮火毁灭的消息，陈宝琛当即请旨，"派江西援军速进"。

不久得到消息，朝廷"调拨江西振武五营"的电令，到了两江总督曾国荃手里，没有了下文。

"在法军面前，你们都往回缩，是吧？我虽是一介书生，上天并没有规定，书生不能带兵。"陈宝琛手握毛笔，起草奏章，"我招募乡勇，积极训练，形成战斗力，抗击法军。""如若成效毫无，将臣从重治罪。"

他很快接到皇帝的批复，"不同意"。

他随即接到皇帝一道圣旨，"荐人失察，连降五级"。仔细翻看诏书，自己推荐的云南、广西布政道唐炯、徐延旭，这一次在抗法战斗中，打了败仗。

连降五级？我的确荐人失察，有必要连降五级的重重处分吗？往深处想，一个道理摆在眼前：表面上看，我这是受到了牵连；实际上，这是朝廷一帮人把失败的黑锅往我头上扣。

陈宝琛抬起双眼，望着北方的天空，那里骤然升起浓密的乌云。陈宝琛缓缓提起笔来，向皇帝写请假信：去年（1884年），我赴天津和谈途中，爷爷陈景亮去世。今年，我母亲去世。请皇帝准许我回故乡丁忧。

扔掉所有的官职，回到故乡，一住就是 20 年。

开始时，陈宝琛住在故乡螺洲（位于福州郊区，陈氏祖宅所在地），后来随父亲陈承裘经常来文儒坊 47 号小住一段时间。

文儒坊 47 号的房子，面积 1092 平方米，十分精致，即便是两边厢房的门、窗、屏风、隔断，也全部用楠木制成，匠师们在上面精心雕刻种种镂空的装饰图纹。生活在这样的房子里，那才叫诗意的生活。雍容华丽，富贵奢侈，看到这些家具、摆件，头脑里忍不住跳出这些词语来。

陈承裘的这处豪华府第，不是自己买的，是女婿送的。

陈承裘的二女儿陈芷芳，婆家是台湾首富"板桥林"。在台湾，"板桥林"家族财大气粗，富贵荣华。

"为我母亲建一座豪宅。我看三坊七巷那里的房子也挺不错的。"

陈芷芳的丈夫林尔康答应了，几十箱银子从台湾用船运过来，聘请福州当地的能工巧匠，不久堆出这栋美丽的宅子。

就拿花厅天井边上的一个小水井来说吧。一个不起眼的水井，为着防止小孩子跌入，在上面加了一个井盖。盖子的手柄，被匠人们雕刻成一个憨态可掬、独具匠心的大青蛙，就如要从水井里蹦出去一般。

建一栋房子，如此用功上心！

金银里的那份孝心，果真力大无穷。

陈宝琛回到福州，当地人犹如发现一个宝贝，请他出任东文学堂董事、总理。后扩充为官立全闽师范学堂。妻子王眉寿在玉尺山房创立女子师范传习所，后扩充为福建女子师范学院。来这里读书的学生中，有一个人，许多读者小学时就读过她的文章，女作家冰心。

光绪三十一年（1905年），南方省份（闽、浙、皖、赣）筹集资金，自建铁路。商部具文，奏请陈宝琛担任福建铁路总办。

看着"福建铁路总办"的任命状，陈宝琛想到两件事，资金从哪里来，人才从哪里来？思来想去，他想到了一个地方，南洋，那里华侨众多。

陈宝琛随即动身，前往吉隆坡、万隆、槟榔屿。一大堆白银募集回来，后来建成福建省第一段铁路。

因为学堂的事、铁路的事，陈宝琛经常来城里小住，就住在父亲的新家，文儒坊47号陈家大院里。在这里，陈宝琛热心牵线，促成严复的三儿子严叔夏与二妹陈芷芳之女林慕兰的婚事，二妹次子林熊祥与自己女儿的婚事。

陈家大院的后花园称梅舫，是陈宝琛喜欢坐一坐的地方。这里假山、鱼池，修竹、小亭、石桥、名花，都经过匠意雕琢。哪怕是那个通向小阁楼的楼梯，都用假山的石磴巧妙堆垒而成，粗粝之间见细微的功夫，无意之间见闲情山水，一低头，一远眺，步步入景，人在画中。

二十多个春秋过去。1909年，陈宝琛61岁，再度被召入宫，担任总理礼学馆总纂大臣。两年后，担任小朋友皇帝溥仪的老师，俗称"帝师"。

溥仪很是满意自己的这位老师，赏戴花翎，赐"文职头品"顶戴，赐"太傅"头衔。

1923 年，陈宝琛 75 岁，看中闲居上海的老乡郑孝胥，看中他的"洋气"和"骨气"，将他推荐给自己的学生溥仪。陈宝琛绝没有想到，正是郑孝胥引着这位末代皇帝一路跑进死胡同。

1925 年，溥仪被逐出宫，逃到天津；九一八事变后，逃到东北，想要依靠日本复辟清王朝。陈宝琛追到旅顺，劝他赶紧回来。溥仪意志坚定，跳入"大海"，决不回岸。

民国 21 年，在日本扶持下，溥仪成立伪满洲国。陈宝琛以探望的名义来到长春，秘密地呈上奏折，"即使有一万个理由，也决不能投靠日本政府，决不能投靠日本军"。

奏折送上去，溥仪看到就像没有看到一样，一把火烧了。

摸着花白的胡子，寒冷的秋风中，陈宝琛叹息着，折身返回自己的老家。一路上，仰望苍天，十分后悔当初举荐郑孝胥。"如果不是吃日本饭团混大的郑孝胥，溥仪决不会走到背负骂名的悬崖上去。""荐人失察，千古罪过啊！"

严复 · 引领时代思想潮流

距离林旭家几十米远的地方，旅游者能看到严复故居纪念馆。

故居坐北朝南，主厅与花厅相连，占地面积 609 平方米（相当于当代六套房子，每套房 100 多平方米）。门内三面走廊，厢房排列于大厅左右两侧。主厅为清式风格，花厅及走廊、栏杆装饰西方建筑纹饰。中西合璧的建筑文化，让参观者流连忘返。

史家评论：严复，清末有影响力的资产阶级启蒙思想家、翻译家、教育家，中国近代史上在西方国家、西方文化中积极搜寻真理、挖掘真理的人，"先进的中国人"之一。

严复的爷爷、父亲都是行医为业，医术立家。父亲严振先在台江苍霞洲开医馆，医术高明，当地人称"严半仙"。

"别的人家子女成群，而我却只生了一个儿子？"每当想到这个问题，严振先十分困惑，"我要感谢上天，总算让我有了一个儿子。这个宝贝儿子，我一定要下功夫好好栽培。"

严振先睁大眼睛，为儿子严复寻找优秀老师。儿子 11 岁那年，严振先得到一个消息，"黄老师教学生十分得法，他的学生中，有一人中进士，有两人中举人。"严振先花高价，把黄老师请到家中，让严复从私塾里退出来，请黄老师在家里单独执教。

1866 年，福州霍乱流行。严振先为病人看病，不料自己染上霍乱，一病不起。

父亲死了，家中没有了收入来源。孤儿寡母别无选择，只能辞退黄老师。"家中没有收入来源，现在，怕是连私塾也上不起啊！"听到母亲的话，12岁的严复，四顾茫然。

这时严复突然得到一个消息，"马尾船政学堂招收学生。衣食住全包，每月还发放四两纹银的津贴"。今天准备报考职业学院的学生，要是看到这样的招生广告，一准呼啦啦冲过去。严复也不例外，立即报名。

拿到入学考试卷，看到考试题《大孝终身慕父母论》，对父亲无限的追思倾泻而出，眼里饱含泪水，严复一笔一画写就这篇入学考试文章。发榜那天，严复看到，自己的名字以骄人成绩名列榜首。

学校分造船、航海两个专业。严复学的是航海专业。这里的专业教师是英国人，日常教学用的是英文。严复发奋攻读，英语日渐过关。他发现，在他眼前，英国老师展现了一个全新的世界，一个以前从来没有看到也少有听到的新世界。

十年后，1877年，23岁的严复，以优异成绩毕业，考入英国格林威治皇家海军学院，学习军舰驾驶技术。来到英国，这才发现，这里有一个东方人不曾想象、无法想象的美丽新世界，街市如此繁华，百姓如此富有，军事技术如此先进。为什么我们大清穷得掉渣，而英国却富得流油？严复的脑子开始思考这个突如其来的社会大问题。

1879年8月，严复学成归来，分配到马尾船政学堂当老师，执教航海驾驶专业课程。第二年，入北洋水师学堂任总教习（教务处长），九年后，1889年晋升会办（副校长），1890年，升总办（校长）。

严复在这里一待就是14年。如果没有接下来发生的大事变，严复就在校长的位子上日复一日工作着，那些曾经思考过的社会大问题，也会随之埋入每天的工作中，渐渐不见踪影。

1894年7月，严复当校长的第五个年头，中日甲午战争爆发。长达七个月的海战中，1600余人丢掉性命。这其中有与他一同留英的同学刘步蟾，有船政学堂的同学邓世昌、林永升……清军陆军海军，全都一败涂地。严复为之骄傲的北洋海军军舰，要么葬送海底，要么被日军俘获。

站在这些老同学的新坟头，看着那些新近挖掘的黄土，看着坟边新栽的柏树，严复号啕大哭。"大清缺乏勇士吗？你们命都不要，请问，还有哪一个是懦夫？""大清缺乏坚船利炮吗？我海军军舰78艘，日本仅有31艘；我军舰总排水量8.5万吨，日本才7.2万吨；我海军实力世界排名第八，日本才排11位。为什么挨打、失败的是我们？这不对啊，技术上分析，中日海战，完全不应该是这样的结果。"

从墓地往回走的路上，严复反复问自己这个问题。大清军队为什么如此惨败，这个问题有答案吗？打开这把锁的钥匙装在哪个神秘的柜子里？

回到家里，严复看到书橱里那些英文书，想到英国的繁华富庶，想到眼前中国的萧条贫穷，突然有一个感觉：虽然我没有去过日本，但我相信，日本的街市，一定像英国一样繁荣，日本企业，一定像英国一样蒸蒸日上。我们大清呢？简直就没法跟英、日比了。

想到这里，严复突然感觉眼前一亮，感觉自己找到了这个为什么的终极答案。大清海军战败，不在官军，而在民众。显然，如果大清民间没有英国、日本那样繁荣富有，只是官府单方面在努力，下次中日再战的话，结果还是像这次甲午战争一样，决不会有两样。

严复摊开一张纸，在上面写下九个字：鼓民力、开民智、新民德。

相信读者看出来了，这张纸上，没有半个"官"字，只有三个"民"字。相信今天的读者看出来了，严复的这条救国路线图，与李鸿章、张之洞等洋务派的兴国强国思路刚好相反。李鸿章、张之洞等洋务派的着眼点，全在官，没有民，如官办企业、官办军工业等。洋务派官员每兴办一处洋务企业，首先做的一件事，是制定政策，打压民间资本。

严复从甲午战争的失败中看出来，洋务派用"官办企业"这支强心剂，不但没有救活大清，或许反而害了大清。那么，大清要走出困境，有且只有一条出路——兴民力。就如英国、日本那样，鼓励、扶持民间资本、民营企业。

沿着这条思路，严复发现一个大问题：我的这个大打民字牌的救世观，如何让大清的高层接受，如何让大清的中层、下层接受，并且行动起来呢？

这是个天大的难题啊。因为这首先要侵害到洋务派当权者的利益，要把他们从行业垄断的地位上掀开，要把他们的既得利益链砍断，这决不是容易的事。我的直接领导李鸿章，怕是第一个站出来不答应（严复任职的北洋水师学堂，由李鸿章在天津创办）。

严复端着一杯茶，在书房里转来转去。慢慢地，严复"转出"实现这个天翻地覆巨变的两条路线图来。不是武力推翻清政府，不是跟洋务派展开政治大辩论。其中一条路线图是走科举之路，自己当官。当大官，当高官，进入大清顶层，到了那时，就能运用手中的权力，干自己想干的事。比如鼓励民间资本投入矿山建设、铁路建设、水运建设，等等。但是这条路，走不通。

早在1885年、1888年、1889年、1893年，严复曾满怀希望，刻苦学习，积极参加四次乡试。结果都一样，一次都没有考中。身为大学校长，已过不惑之年，喝了一肚子洋墨水，还在科举考场搏杀，许多人不理解。只有严复自己明白，自己的心中燃烧着一团救世的火焰。

严复在第一条路线上拼杀时，同时开辟第二战场。第一战场铩羽而归，第二战场杀得风生水起，波浪翻天。

严复找到英国博物学家赫胥黎的一本专业著作《进化论与伦理学》，仔细阅读之后，决定将它翻译出来。这本书在英国没有名气，淹没在大量同类型的学术专著中。这本书里表述出来的思想、观点，如物竞天择、适者生存、弱肉强食、优胜劣汰，早已被英国人认可，一点都不新鲜。

严复的心中，有另一个想法。在大清，人们都梦想大同世界，梦想一个完全没有竞争的"天堂社会"，崇尚儒家的中庸之道。赫胥黎提出的竞争思想、弱肉强食观，对中国人的礼教思想极具冲击力，甚至可能形成强大的冲击波，将中国人从中庸、礼义的睡梦之中拉到血淋淋的国际竞争现实中来。

如何让中国读者接受这本书呢？严复想出一个办法，重新给书取一个中国化的书名。新书《天演论》横空出世，就像一个重磅炸弹，砸向中国读者昏昏然的大脑。

1898年《天演论》出版，很快被中国读者热捧、热议、热追，重印达十次之多。一本英国的生物学专著，到了中国，成了一本热度极高的畅销书。

看到出版社送来一堆又一堆的白银，看着一扎扎厚实的稿费银票，严复心花怒放，那些科举考试失败的阴影一扫而光。他埋下头来，在更多的英国学者的著作中翻弄、搜索、寻找。一批西方学者的作品相继进入严复的视线。

《原富》：英国经济学家亚当·斯密的著作，论述国家财富从何而来，讲述资本主义经济的各大要素，阐述自由竞争的市场经济思想。

《名学》：英国思想家穆勒的著作，原名《逻辑学体系》。中国人办大事讲求"名正言顺"，英国人讲求办事做事符合逻辑，对于"名正不正"不作考虑。如鸦片战争，中国人认为那是不义之战，名不正；而英国人认为，那是要打开中国市场大门，符合英国经济发展的逻辑。

《群己权界论》：穆勒著。讲述国家的公权力（官府的权力）、个人的私权力（如人身权、著作权、言论自由权）如何界定，如何才不互相打架。

《法意》：法国思想家孟德斯鸠的作品。主张建立一个法治的世界，而不是人治的社会。官府办事，要依法办事，而不是根据官员个人的意志。

随着八部译作问世，严复迅速成为无数读者热捧的明星。在几封家信中，严复这样描写当时的情景："'兴办海军'演讲文稿七千言，听者佩服无地。我真如小叫天①，所到之处，人人喝彩。""印稿撒至五百张，尚有求者。""听者视吾如同天上人，深信吾言，如闻听仙语。"

本来是一位教书的先生，一位学校的管理者，严复就这样，自己奔跑着，被读者、听众狂推着，重重地砸进公众的视野。严复心中十分兴奋，积极参加社会活动。顺势而推，担任安徽高等学堂监督、复旦公学监督（校长）、天津"新政顾问官"、学部审定名词馆总纂、宪政编查馆二等咨议官、度支部清理财政处咨议官、福建省顾问官……1904 年，清廷特赐"文科进士出身"。

清朝灭亡，民国建立，袁世凯当了皇帝，委任严复为北京大学校长、总统府顾问、政治会议议员、众议院参政等职务。

海军总长刘冠雄是严复的老乡，又是严复北洋水师学堂任教时的学生。在刘冠雄推荐下，福建护军使李厚基，拿下福建省督军的职位。

1919 年元月 1 日，儿子在老家举行婚礼，严复回老家参加。

李厚基将严复接到督军府"洗尘"，事前已将郎官巷的这栋房子买下，席间将这栋房产作为礼物拱手献上。严复十分高兴，笑纳怀中。

严复在郎官巷安度晚年，1921 年 10 月病逝家中。

严复：清末有影响力的资产阶级启蒙思想家、翻译家、教育家，中国近代史上在西方国家、西方文化中积极搜寻真理、挖掘真理、传播真理的人。

---

① 京剧大师谭鑫培之艺名，谭曾为清廷"内廷供奉"，以演《空城计》《定军山》等剧著名。

林旭

·

旗手的悲歌

林旭，号晚翠。"戊戌六君子"之一。从他的号里可以看出，父亲择取"晚翠"二字，是希望他晚年锦衣玉食。然而命运却跟他开了一个大大的玩笑，23岁那年，在北京菜市口被刽子手残忍杀害。林旭有着壮美的人生，却没有黄金中年，更没有豪华晚景。

林家是诗书之家，爷爷林福祚已酉年高中举人，在安徽任县令。父亲林百敬中秀才，抑郁不得志，林旭年幼时父亲早早病逝。母亲也患上抑郁症，追着父亲的灵魂，不久驾鹤西归。一家人为着读书致仕的远大梦想而奋斗，梦想不成，家已零落，也是世间少有。有邻居评说，"这一家人已经诗书入迷，难以自拔"。

小小年纪就成了无父无母的孤儿。幸好有叔叔接济，林旭七岁时，叔叔将他送入私塾读书。

或许林旭自己也没有想到，一场改变命运的风暴，正在远方的天空升起。

光绪十一年（1885年），清末名臣沈葆桢家迎来大喜的日子。最为钟爱的第四子沈瑜庆高中顺天乡试第49名举人。

还在光绪元年（1875年），沈葆桢由船政大臣调任两江总督兼南洋通商大臣，临近动身之际，向夫人说道："瑜庆已经17岁。这孩子自幼聪明，而且好学。我们当官的人家，子孙多吃喝玩乐。上天眷顾我家，送给我这样一个好儿子。我把他带在身边，让他学习军事，见习吏治。"

四年后，两江总督任上，沈葆桢病逝。光绪得到消息，痛失爱臣，特意恩赏沈瑜庆为候补举事。

一天，李鸿章正在家里喝茶，一位好友前来串门，在他耳边说出一句话来，"沈葆桢总算没有白忙，四子沈瑜庆凭自己的才学考中举人"。

送走客人，望着窗边的一棵大树，李鸿章心想："我的好友沈葆桢，家里出了才能之士，不提拔任用，还等什么呢？"

李鸿章亲自出面，推荐沈瑜庆到江南水师学堂担任要职。

1891年春，沈瑜庆回家扫墓。看着父亲沈葆桢的坟头，遍地衰草中，一些嫩绿的新芽正窜出来。沈瑜庆大兴感叹，"官家子弟，怎么一代不如一代，我的几个儿子，我看他们，没有几个爱好读书"。路过一家私塾时，突然生出一个想法来：我的儿子不爱读书，科举无望，我的女儿呢？私塾里多是贫寒子弟，说不定有那爱书之人，如果觅得一位做我的女婿，将来女婿高中，我家岂不代代富贵荣华？

走进私塾学堂，沈瑜庆看到老师杨用霖正在休息，两人交谈起来。"我这里有一位少年，虽然父母早逝，家境贫寒，却十分爱好学习。写得一手锦绣文章，我教了一辈子书，林旭是我少见的一位神童。看看他的这篇习作，我给出一句评语，'出语惊其长者'。小小年纪，洞察世事，且高屋建瓴，语出惊人，让我为师的佩服。"

看过林旭的几篇作文，听着老师满口夸赞，沈瑜庆向杨用霖说："我的大女儿鹊应，年龄跟他相仿。在我眼里，我这女儿也是才貌双全。我有意将女儿许配给你的这位优秀学生。"

一天，沈瑜庆接到湖广总督张之洞发来的晋升邀请函，看到

"督署总文案、兼总筹防局营务处"几个字，突然想到住在家里的女婿林旭。

"林旭全心念书，即便他自身才华横溢，且有我亲自辅导，也须与高手交流。只有在交流中，才能发现自己的缺漏，方可取长补短。张之洞的身边，高手云集，精英荟萃。黄遵宪、郑孝胥、梁鼎芬等人环绕在张之洞的左右，武汉那边，真正是星河灿烂，名流成群。"想到这里，沈瑜庆跟夫人说："我这一次前往武汉赴任，带上林旭同行。让女婿开阔眼界，领悟人生、学问的更高境界。"

1893年春天，林旭打起包袱，回乡应试。童生考试，轻松过关；参加乡试，高中举人第一名（解元）。沈瑜庆得到消息，十分高兴，置办酒宴，邀集好友，一起庆贺。酒宴上，沈瑜庆醉红脸庞，高举酒杯，缓缓说道："我的心血没有白费。我这女婿，那是寒门出才子，喜鹊落高枝。"

1894年，林旭信心满满，怀揣着进士及第的梦想，前往京城参加恩科会试。

连他自己都没有想到，竟然落榜了，但林旭没有气馁。1895年再次参加礼部会试。考试结果还是一样，名落孙山。

看着新科状元骑着高头大马，打马游街，看着新科官员身着朝服，走在街头一路显摆，看着街边的市民欢呼雀跃，站在街边一家门店的大石狮边上，林旭做出决定，"我哪里都不去，就留在京城"。

就在此时，一场国际战争的狂风暴雨正在东边的天空酝酿。

明治维新后，日本资本主义发展渐入佳境。日本学校实行军国主义教育，培养学生战争精神、战斗能力；日本政府，伺机寻求海外扩张的机会。

1894 年，日本政府得到消息，"朝鲜爆发东学党起义"，首相伊藤博文在内阁会议上高声宣布，"属于我们的机会来了，海外扩张殖民地的机会，上天是真的送来了"。一个月的时间，日本在朝鲜增兵1.8 万，占领汉城附近战略要地；海面上，成立海军联合舰队。

"清政府正在向朝鲜增兵。""西太后正在准备六十大寿，大臣们个个忙着给太后送礼。"看着金漆桌面上摆着的两条消息，伊藤博文发出命令，"把清军赶出朝鲜地面，把清海军送进大海喂鱼"。

7 月 25 日，日本海军舰队突然袭击清军运兵船队，击沉"济远""高升"等四艘船舰。接着，日军向驻守牙山的清军发起猛烈进攻。

清军一路败退，从朝鲜退回境内。日军一路追赶，10 月下旬，日军偷渡鸭绿江，攻占九连城，目标直指辽阳。另一路日军从花园口成功登陆，随后杀向旅顺、大连。

攻占旅顺后，日军屠城。除留下 36 人抬运尸体，全城居民无一幸免。

1895 年 1 月 30 日，日军向北洋水师基地威海卫发起进攻。北洋水师 11 艘军舰全部被日军俘获，缴获的物资堆积如山。随后，日军向辽河发起进攻，占领辽东半岛。

1895 年 4 月 17 日，李鸿章代表清政府，与日本首相伊藤博文签订和约，史称《马关条约》。

《马关条约》规定：清政府从朝鲜半岛撤军，承认朝鲜"自主独立"，大清不再是朝鲜之宗主国。清政府割让台湾岛及所有附属岛屿、澎湖列岛和辽东半岛给日本。清政府赔偿日本军费 2.3 亿两白银。

看着"日军屠城、战争失败、割地赔款"的消息，林旭的脑子里静静地想着一个问题，"对付日本，决不会是一年两年的事，这将是子孙万代的大事。但是，中国一定要强，这是必经之路。冲向这条路的指路标，安放在哪里呢？"

正在林旭努力寻找时，一件大事在眼前发生。

来京城参加会试的举人，齐集宣武门外的松筠庵。"中华民族到了最危险的时刻，国将不国。""亡国大祸就在眼前，我们不可在这里坐等、喊叫，我们要行动起来，拿起笔来，联名上书皇帝。"

举人康有为行动迅速，连夜动手，写成奏折，呼吁变法图强。1300多名举人，在奏折的后面，重重地签上自己的姓名。林旭的名字，赫然其间。史称公车上书。

这本奏折没到达光绪手中，反而给康有为惹出麻烦。康有为考中进士，就在发榜前夕，在大臣徐桐坚持下，他的名字差点从榜单中剔除。

1895年5月，康有为考中进士，被授予工部主事。6月，再一次向皇帝上书，向着光绪高声呐喊："走富国强兵之道，达自强雪耻之目标。"7月，又一次上书，"运作变法之手，以挽救危亡之局"。

光绪看了奏折，御笔朱批"誊写抄录，分送西太后、军机处、各省督抚"。

得到消息，康有为心情低落。看着窗外白花花的阳光，看着一只白猫从窗前走过，感觉自己这几个月忙活，等于一块烧红的砖头投进冰窟窿，只是刺啦一声，再也没有也不会有任何的反应。

既然我改变不了皇帝，改变不了朝中大臣那些顽固的大脑，那我首先改变我自己。想到这里，康有为突然想到自己的学生梁启超。

"既然没有找到办法改变上层，我们可以从中层、下层着手，或许这里能找到突破口。"梁启超端着一杯茶，望着院子里一棵大樟树，缓缓说道。

"有道理。我看侍读学士文廷式是一个很有能力的人，由他出面，组织对变法、自强、救亡有兴趣的人士，形成民间团体，来推动这项宏大的政治工程。"康有为嚼着几粒花生米，感觉嘴里满满的都是香味。

强学会很快成立起来。两江总督张之洞、直隶总督王文韶等官员捐出 5000 两银子，袁世凯捐 500 两银子，纷纷入会。

一天，一道惊天消息传来，"大学士徐桐连上两道奏折，弹劾康有为谋反"。

"世间险恶。"康有为长叹一声，已不得不走。

该去哪里？望着满天星光，康有为突然想到一个地方。那里，政治环境相对宽松。

我去上海办报，赚点生活费，徐桐啊徐桐，你总不能再诬我造反吧。

10 月下旬，康有为避居上海。上海成立强学会，出版《强学报》，宣传变法、图强。

1897 年，林旭到上海，拜会康有为。"闻所论政教宗旨，叹为折服。"

1898 年 1 月，康有为著述《春秋董氏学》出版发行。林旭为这本书作跋，盛赞力推康有为的重要观点"三世说""天下大同说"。

5 月 1 日，上海《知新报》转载这篇跋文，大量的读者接触到林旭凌厉的改革思想、雄浑的才学之气。林旭的影响力极速扩大，一夜爆红。

1897 年 11 月，德国政府以"传教士在山东巨野被杀"为借口，派出军舰，强行占领胶州湾。

康有为听到消息，十分震惊，跟林旭说，"甲午战争失败，我堂堂中国，在西方列强眼里，已然是一个人人可欺的弱国。德国已经无耻到赤裸裸明抢的地步，真是人神共愤"。

林旭说："当政的官员不作为，乱作为，我天下志士岂能袖手旁观？"

康有为望了一眼天空，那里正飘着满天雪花，屋外寒风呼啸。"我有一个想法，我们要行动起来，倡议各省志士，大家都行动起来，组成学会，提振士气，决不可坐以待毙。"

"这是个办法，我这就去北京，邀集在京的闽籍人士，组成闽学会。"

1898 年 1 月 31 日，闽学会在福建会馆成立，林旭成为实际领袖。

3 月，康有为北上，与梁启超一起，成立保国会，高举旗帜"保国、保教、保种"。林旭为董事，位列第四。

5 月，康有为得到消息，"德国兵损毁山东孔庙"。随即做出决定，"这是个机会。以此为契机，策动第二次'上书'"。

得到康有为指示，林旭迅速行动，向 365 位闽籍人士发出倡议，"我们联合起来，携起手来，向皇帝上书，惩办德国凶手，赔偿我国损失"。

《石遗室丛书》的作者陈衍此时正在京城，密切关注着林旭的一举一动。看过太多历代政治变局乱象，深知其中无限风险。看着自己的老乡林旭，年轻气盛，正在蹚进一条危险万分的大河，赶紧跑过来劝他，"你太活跃，政治目标太大。你还年轻，将来有无限的希望。我送你一句话，年轻人，前途无量。眼前的这条河，太过于凶险，我直接说吧，你不能再待在北京，回我们老家，看看福州美丽的风景，那里至少是安全的。京城，你就不要待了。赶紧撤离此地。你要是跑迟了，到官府启动抓捕程序时，你无论往哪里跑，一切都来不及。你孤单一人，根本对付不了庞大的政府机关。到那时，你跟鬼头刀说变法图强？鬼头刀会让你头先落地"。

听到陈衍长长的一席话，林旭惊出一身冷汗。我这是一只奔跑的野牛，跑进了狮子居住的丛林，还浑然不知。林旭十分感谢老乡陈衍的提醒，当即打起背包，离开北京，回到福州。

走在福州街头，看着熟悉的南方风景，看着熙来攘往的人群，正值5月天气，暖风拂面，林旭突然想起苏轼的一句诗来，"不识庐山真面目，只缘身在此山中"，接着又想起一句俗语，"当局者迷，旁观者清"。或许这正是陈衍能看到我蹈不测之地而我却一无所知的缘由所在吧。

突然他又想到另一个问题，为什么天下仁人志士能看清时局，能看清国家正在走入危亡的险境，我们这些举人能看清列强的野心，而那些当政者、皇帝身边的大臣却把我们举旗呐喊的人当作洪水猛兽，难道也是因为"当局者迷，旁观者清"的缘故？

正在一边走一边胡思乱想着，他听到街边一群人小声议论着一件事，"恭亲王奕䜣病死"。林旭感到，恭亲王这棵大树倒了，变法改革的阻力，必定大大减小。这是个大好的机会啊，就是不晓得北京那边是否安全。

拿捏不定之际，林旭又得到一个消息，"光绪皇帝颁布《明定国是》^①诏书，谕令各要员举荐改革人才"。林旭非常高兴，非常兴奋。我这是在漆黑的夜晚，看到国家希望的一丝亮光。我就要向着那光亮的地方，不顾一切扑过去。

正在寻思着如何奋不顾身扑向亮光，突然收到三封北上进京的邀请函。湖广总督张之洞、直隶总督荣禄、湖南巡抚陈宝箴向林旭同时发出入幕邀请。

拿着邀请函，林旭立即北上进京，直奔荣禄的幕府。一路走，一路想，荣禄当过我们福建的总督，我们福建人对他印象很好，在他那里，必定能得到重用。通过荣禄这面大旗，必定能有力推动变法图强大业。

6月16日上午，风和日丽，光绪打开康有为的几本折子，琢磨里面的字句，理解这些字句里包含的意思。摸着手中的细瓷茶杯，喝下一口香茶，突然冒出一个想法来。我这就召见康有为，当面跟他聊聊。他的这些变法图强的思想，对我当下的江山社稷，的确是切中时弊。

跟着太监的脚步，康有为踏进皇宫的大门，边走边看这些金碧辉煌的宫殿，边看边想一个问题：这是我第一次觐见皇上，一定要明晰陈述当下必须变法的国际原因、国内原因。是的，今天就把必

---

① 国是：国家大计，国家方针、政策、法令。明定国是：重新制定国家政策。

须变法的重大原因讲清楚，至于变法的具体措施、有何手段，我相信，皇上还会给我机会的。

听着康有为一字一句陈述当下必须变法的前因后果，光绪深感"听君一席话，胜读十年书"。列强对我虎视眈眈，官员们无所作为，是的，到了非变不可的地步。

整整两个小时过去了，君臣这才话别。望着康有为越走越远的身影，大热天里，光绪顿感冰冷彻骨。如果我重用康有为，必定引起慈禧太后的反对，引来大臣们一本接一本反对的奏章。既然树大招风，那我就来弄点手段。

第二天，光绪发出诏书，"着康有为总理衙门章京上行走；赏梁启超六品卿衔，办理大学堂译书局事务"。

一位当个小秘书，一位当个小翻译，这应该不会引起朝中大臣的注意，应该不会招来太后猜疑的眼光。

8月29日，光绪翻看福建学政王锡蕃的举荐奏折，看着思想敏锐、洞观时局、卓有见地的荐语，当即决定召见林旭。

听着林旭滔滔不绝地讲着，光绪听得一头雾水，完全听不懂林旭的福建版官话。当即喊来太监，取来纸笔，"哈哈，你一边说一边写，我一边看一边听，应该能听懂你的乡音级官话"。

光绪一边看着纸上提示的文字，一边兴趣盎然地听着林旭讲述当下时局的种种危机险状，心中十分吃惊。我坐在宫中，每天听大臣们在我耳边聒噪，我听到的都是江山一片大好，而这位年轻人，这位旁观者，却看出我的江山社稷漏洞百出，危象万分，莫非真的是当局者迷，旁观者清？果真是这样，林旭、康有为这群人，就是我社稷的福音啊。我必须把这群思想者安排进军机处，共商国是。

把屋破处、锅漏处一块块找出来，一块块补起来。否则，国家百孔千疮，突遇一阵猛烈的狂风，必定抵敌不住。

9月5日下午，慈禧正在嗑香瓜子，收到密报，皇帝授予内阁候补中书林旭、江苏候补知府谭嗣同、刑部候补主事刘光第、内阁候补侍读杨锐四品衔，充军机处章京。

听到军机处三个字，慈禧当即将手中正捏着的几粒瓜子丢进垃圾桶。"我这是看出来了，我这儿子已经谙熟宫廷政治。表面看，只是塞进四个小小的章京，不伤大雅。然而，各地送来京城的奏章，不都是先由这四个人阅览吗？皇帝的诏书、谕令，不都是由这四个人的手写出来的吗？"

慈禧越想越气。想在老娘眼皮底下玩手脚，也不看看你娘是谁？想着想着，将整整一盘瓜子连同那精美的瓷盘，一齐扔进垃圾桶。

坐在军机处章京办公桌前的那把八仙靠椅上，林旭正酝酿着一个天大的想法。我要用手中的这杆笔，搅动大清这条被垃圾堵塞、污水横流、快要凝固的河，挖开两个口子，让清水流进来，让污水滚出去。

从宣布《明定国是》到光绪被囚禁，总共103天，史称百日维新。百天之中，军机处四位章京的手中，发出新政谕令110道，平均每天发布一道改革新政的谕令，创造了历史之最。

"废八股，改科举。"震动了大清整个知识界，天下读书人看着自己读的"四书""五经"变成废纸，不知接下来的路走向何方。

"设学堂，习西学，派遣学生出国留学。"中国人的面前，突然打开一扇从未有过的西方世界的天窗。新的时代潮流面前，中国的年青一代，几乎一片茫然。

"奖励发明创造，鼓励开矿修路。"整个中国没有几个人知道如何发明创造，更没有人知道矿在何方，资金从何而来，技术、设备、熟练的人手在哪里。

变法的内容太多，不一一列举。

早在 6 月 15 日，慈禧就逼着光绪一天之内连发三道"上谕"：免除翁同龢军机大臣、总理衙门职务，驱回原籍；皇上新授二品以上官员，须到太后前谢恩；直隶总督荣禄统率北洋三军。

这些天，掂量着西太后逼自己发出的这三道谕令，光绪的感觉越来越不爽：翁同龢是我的老师，更是变法的积极支持者。西太后来这一招，岂不是硬生生砍下我的左膀右臂？特别是最后一条，西太后通过荣禄操控京畿兵权，这对我是莫大的威胁啊！我还有什么办法，见招拆招？

突然想到康有为。或许他有办法。

"的确有一个人，皇上应该还记得他。袁世凯在天津小站编练新军，手中握有一支七千人的力量。这支军队，虽然人数不多，然而他们的手中，却拿着枪炮，全是新式装备。"看着皇上低头细听，康有为继续说道，"袁世凯此前曾加入强学会，捐钱积极，支持变法新政。"看着光绪在点头，康有为降低音量，小声说道，"可救皇上者，只此一人。"说罢，磕头谢恩，退了出去。

康有为走了，留下光绪一人在思考：慈禧决不是一个人，她的身边环伺着一群虎狼，他们个个绿着眼睛想着法子向变法新政下毒手，那么，接下来的棋，我该如何布局？

慈禧正在院子里赏花，两道惊天消息传来。9月16日，"皇上召见袁世凯，嘱专办练兵，赏侍郎衔"；9月17日，"皇上再召见袁世凯。所嘱之事不详"。

听着太监细声报告，慈禧粉脸转怒，"这孩子要砸锅，我决不让他卖铁"。

光绪在房间里端着茶杯，听太监秘密报告，"荣禄调动军队，正在京城四周，布下重兵"。太监细微的声音，在光绪的耳朵里，如同惊雷。我现在即使再生出一副胳臂，怕也冲不破这个扎紧的笼子。现在，我还能为我的这场变法新政做点什么呢？

突然想起康有为等一批人来，光绪拿起一杆细细的毛笔，饱蘸墨汁，摊平一张纸，缓缓写道："今朕位几不保……汝一片忠爱热肠，朕所深悉。其爱惜身体，善自调摄，将来更效驰驱，朕有厚望焉。"

光绪将密诏交到林旭手上。林旭立即将密诏送到康有为手中。

看着皇帝的密诏，康有为向围坐在一起的梁启超、谭嗣同说道，"只要找到这个人，我们的大业还在，决不会就此散伙"。

夜色深深，按照康有为设计的方案，谭嗣同单身一人，悄悄向袁世凯的寓所走去。

"千秋大业，系于一身。用你手中的重兵，杀死荣禄，血洗旧党。发兵围攻颐和园，劫持西太后。"谭嗣同声音沉稳。

袁世凯听得句句心惊。"我一定效忠皇帝。我这里连夜策划具体的行动路线图，确保万无一失。"袁世凯将几句中听的话，送到谭嗣同的耳朵里。

接到袁世凯的密报，慈禧当即发下两道命令，"将光绪囚禁瀛台，捉拿维新派"。

没有听到袁世凯那里有一丝行动的声音。康有为第一时间跑进英国公使馆，在英国公使帮助下，逃往香港。

梁启超逃到日本使馆，在日本公使掩护下，乘日舰逃往日本。

谭嗣同、林旭、杨锐、刘光第、杨深秀、康有为弟弟康广仁被抓捕。

没有经过任何的审讯程序，七天后的一个清晨，六人被押到北京宣武门外菜市口腰斩（不是斩首）。林旭年仅 23 岁。

临刑前，林旭高喊"君子死，正义尽"。

得到消息，沈鹊应痛苦万分。结婚七年了，林旭为了他心中的大业在外奔波，他们没有生育一子一女。她拿起笔在纸上写道：

> 报国志难酬，碧血有谁收？
> 拼得眼中无尽泪，共与水长流。

沈鹊应的表兄李拔可，带着林家人来到菜市口，众人动手，将遗体慢慢缝合，买来一口棺材，运回福州。

林家族人阻止他们将林旭的棺材抬上埋葬林家祖先的祖坟山，林家人只好将他的灵柩寄放在金鸡山的地藏寺。

一批保守的当地人，痛恨林旭辱没门风，找来一根长长的铁杆，在炭火中烧得通红，然后从棺材中间穿过，捅穿遗体。

"这些人连我夫君已经僵硬的尸体，都不放过。"沈鹊应痛不欲生，喝下一杯毒药，追随夫君而去。（也有一说，沈鹊应跳楼而死。）

郎官巷里，至今保存着林旭的故居。今天的人们走到那里，一眼就能看到，那些雕梁画栋、古色古香的房子，那些装饰精美的墙壁，看着生活在那里的人们，阳台上摆着鲜花，几只蜜蜂围着花蕊嗡嗡嘤嘤，能想象当年年轻的林旭，如果不是为了心中的理想，一定过着幸福美满的日子。

或许当他老了，膝下子女成群，也可享受天伦之乐。

林琴南

翻译牛人，古文丰碑

一

　　林国铨，字云溪，娶太学生（太学，即国子监，中国古代设于京城的国家最高学府）陈元培的女儿陈蓉为妻。这个世代耕田种地的陈氏家庭，从此改变了方向。

　　儿子林琴南出世，林国铨的好运气跟着来了，找到一份赚钱的工作，随盐官到闽北建宁办盐务。

　　两年后，林国铨赚到第一桶金，随即在福州城玉尺山典得一套漂亮的房子（是典，不是买）。

　　林琴南五岁的一天，风和日丽，林国铨租下两只船，往建宁运盐。航行到一处地方，一股急浪突然冲来，将两条船同时冲向一段暗礁，两条船同时沉没。

　　林国铨花光所有的积蓄，才免于吃官司。

　　哪里才有出路？林国铨跟着同乡，踏上前往台湾的路途。

　　林国铨从此少有音信，也没有钱寄回家。林琴南随母亲住到外祖母郑太孺人的家里。郑太孺人家里不富有，请不起私塾里的先生，但想了个办法："我的这个外孙聪明伶俐，我就用这本《孝经》，教他读书识字。"

　　渡台前三年，林国铨经商亏本，窘迫到连回家的路费也没有，终于连滚带爬地跑回来。

　　九岁那年（1860 年），有一天，林琴南在家里翻箱倒柜，无意中发现叔叔林静庵收藏的《毛诗》《尚书》《史记》《左传》，如获至宝，每天细细读起来。

就在这一年，林琴南迎来了小弟弟。父亲决定再去台湾，去那里做生意。

一天，房主陈莲峰找上门来。手里拿着一千五百文的铁钱说："我要赎回典给你们林家住的这栋房子。"

祖母拿过契约，只见上面写着钱数，没有写明钱质为铜。再看看陈莲峰仗着捐官买来的孝廉的身份，横行乡里，祖母从容说道，"先生为科名中人，就要去当官上任。难道不明白铁钱一百文只抵铜钱一文吗？"

陈莲峰找来一批人威逼，祖母决定，迁出这所房子，回老家横山居住。

两年后，父亲在台湾的生意有些着落，时常寄些钱回家。叔叔林静庵在一所学校找到教书的工作，全家人的生活有些改善。林琴南也有了学费，便进入学校读书。

16 岁这年，林琴南感觉自己已经知书识字，还跟一位老师学了几年的武术，能文能武。望着台湾海峡，林琴南静静地想着："现在，我可以想办法到台湾那边跑一趟，看看父亲生意如何。跟着父亲学会做生意，学成本领，说不定将来能发大财。"

渡海的大船在海面上航行，夜色渐渐暗了下来，半夜里，海面突然刮起大风。林琴南的头磕在船舱的铁栏杆上，一下子醒过来，这才发现，船体正在剧烈地摇晃。突然，舱里的乘客大声地尖叫起来，林琴南也吓得从睡铺上跳起来。只见甲板上那个笨重的铁柜子，猛地滚进了舱里，咔嚓一声，砸断放在入口处的桌子腿。

几个水手听到尖叫声，立即跑过来，合力将铁柜子抬出去，捆绑在甲板上。

过了一会儿，又听到一声女人的尖叫，"和尚入幔呢。"

船舱里住着一位官夫人，带着两个婢女，她们用布幔将安歇的地方围起来。她们的边上住着过海募缘的和尚。

船体猛烈地摇晃，和尚的秃头连着枕头一下子钻入官夫人的布幔里，一个婢女发现了，尖叫起来。

两个婢女刚伸手来打，船体又晃起来，和尚的身体倾到另一边，秃头不见了。

过了一阵子，婢女的呼声又起，喊打声又起。僧人也想争辩，无奈船体晃得剧烈，无论如何努力，身子起不来。只好任婢女又喊又打。

天亮时分，风平浪静，两个婢女已经呕吐得一塌糊涂，动弹不得，想打和尚，手脚已经软得动不了。

林琴南和其他乘客，看着和尚头上隆起的包，看着婢女们狼狈的样子，笑得肚子都痛了。

父亲在基隆淡水租了三间相连的旧房子，父亲和伙计大部分时间在外面跑生意，很少回来住。

一天晚上，林琴南看戏回来，月光下，只见房子里萤火闪烁。林琴南很高兴，以为父亲或伙计回来了。走到门前，只见屋锁完好。推开屋门，室内漆黑，没有一点火星。

"是我自己看走眼了吧？"林琴南自言自语，洗洗脚睡觉了。

半夜里，朦胧中，"当、当、当"，林琴南听到墙壁上挂钟轻轻响了三下。

接着，听到椅子在地板上挪动的声音，听到碗橱翻动的声音，似乎有人在找碗找食物，听到锅盖碰到锅沿的声音。

林琴南伸手拍打床沿，想吓走这些声音。声音似乎跟他作对，响声越来越大。

林琴南跳了起来，抓着父亲放在床头的一把宝剑，一通乱舞。

天亮了，什么声音都没有。林琴南累倒在床上，沉沉睡去。再次醒来，看到桌上床上墙上，处处留下剑刃劈过的痕迹。

后来，有人告诉林琴南，这是一处凶宅。"以前的住户，有一个女人，不知什么原因，在这个房子里上吊而死。所以这房子租金非常便宜。"

一天，林琴南感觉无聊，就随便转转。走到一处茅屋的地方，看到一个红衣妇女，倚门而立，长相漂亮，面容娇媚。

从邻居那里得知，这个美丽的妇人叫阿环，卖笑为生。每次走过这家门口，林琴南都忍不住投过去一瞥同情的眼光。

有一段时间，他跟父亲出远门做生意。几个月后回来，不见了那女子的身影。林琴南向邻居打听起来。

"阿环得了一种怪病，死了。"邻居的话，很轻，林琴南感觉心中很重。

"好好的人，为什么得怪病？"

"妓寮争风吃醋。为了争一个男客，阿环与一个邻近的女子闹翻了。阿环长得漂亮，那个女子心中怀恨，偷偷在阿环的汤里下毒。"

"阿环喝了汤，没过几天，脚指头溃烂。看了医生，拿药涂了也无效。"

"整个脚都烂掉了，心脏也感染了。阿环整天呻吟着，活活痛死。"

人心啊，为什么这么恶毒？林琴南跑到阿环的房子里去看。阿环还没有埋葬。看着阿环的棺材，想着昔日她那美丽的身影，想着往日她脸上的笑，看着眼前这副漆黑的薄皮棺材，林琴南的心中浸满哀伤。

第三年头上，林琴南深感，对于做生意，一点兴趣都没有。对于别人看来枯燥无味的书本，我却有着无限的趣味。

打起背包回到福州的家里，林琴南全身心投入到读书中。

叔叔林静庵，执意扔掉教鞭，到台湾一家公司去谋取一个会计的职务。

不久，父亲从台湾回来。突然生病，请医吃药，无法治愈，病死家中。

痛苦中，林琴南舍不得丢下手中的书，更加发奋攻读。

家中生活越来越艰难。弟弟秉辉已经长大。"哥哥读书这样用功，将来一定有出息。我这就去台湾，投靠叔父，赚些钱来，补贴家用。"

这年9月的一个夜晚，一家人正在乘凉，堂弟秉华大哭着冲进门来。"秉辉过世了。"

大家赶紧看信。原来在台湾的一位同乡生病了，弟弟过去照看。那位病人好了，弟弟却感染上了病。"一病不起，医治无效，死在台湾。"

母亲听着大家念信，听到这一句，一头朝着柱子上撞去。"为什么不是我去死？为什么不是我去替他死？"

林琴南一把抱住母亲。父亲新逝，母亲和全家人还没有缓过劲来，又突然传来晴天霹雳。林琴南感觉有一把利刃，直剜心口。

两天了，林家的烟囱里没有冒烟，全家没有任何一个人能吃得下一口饭。

10月，林琴南赴台湾奔丧。船过海峡时，突然刮起大风，风帆顿时失去方向。船体严重倾斜，眼看着就要翻覆。林琴南跳了起来，抽出腰间的一把佩刀，用力朝缆绳砍去。风帆落下，船体端正过来。

双手举着宝刀，朝着台湾的方向，林琴南跪在甲板上，大哭起来。"这是我父亲留给我唯一的纪念物，是宝刀救了我们的性命。必是我父亲的亡灵附于刀身。父亲啊，你保佑我渡过险关，为什么不去保佑弟弟的性命？"

众人走过来，一边观赏这把从欧洲进口的宝刀，一边缓缓劝他，林琴南这才慢慢止住哭声。

同县刘有棻的长女刘琼姿已长大成人。

刘家也是诗书之家，刘有棻喜读《资治通鉴》，肚子里装满各代掌故，而且喜欢写诗。有一件事，刘有棻十分郁闷，祖上三代应童子试，皆不中。

林琴南外祖母郑太孺人十分看好自己的这个外孙，来到刘有棻家，拿出林琴南的求婚信。

刘有棻拿着这封信，连着看了三遍，说道：

"这孩子懂得感恩，我从他的信中，听到了他的哭声。"

"这孩子是个有真性情之人，我愿意将女儿许配给这样的孩子。"

"这孩子脾气好大，将来啊，恐怕不会是富贵中人。"

不能不佩服刘有棻以信识人的能耐。他的这三句话，林琴南的一生中，句句应验。

林琴南、刘琼姿新婚后，刘有棻不顾家中贫薄，下定决心，出钱供已经 20 岁的女婿继续读书。

每次举行童生考试，刘有棻都坚持亲自送林琴南到明伦堂（考场）。

林琴南 31 岁考中举人，特意来向岳父大人报告喜讯，刘有棻此时已卧病在床，心中激动万分，满脸老泪纵横。

邻居中有一位富户人家，请了职业的厨师，每天做美味佳肴。到了烧饭时间，林琴南时常溜到邻居家的厨房里，观看大师傅烹饪。

林琴南一边看，一边心里在想，我也要学会这门手艺，烧成好吃的，让全家人享受口福。

林琴南感觉自己看出了其中的窍门。一天，妻子刘琼姿烧火，林琴南掌勺，两人在厨房里忙活起来。

刘琼姿将柴火塞满灶膛，火势旺盛。火力过猛，一盘菜炒得外焦里生。"抽出柴来，火力放小。"林琴南喊着。

又一盘菜炒出来。火力过小，菜已经软塌塌，不见了滋润的模样。刘琼姿一边试吃，一边摇头，一边大笑："这就是水货厨师的真功夫。"

看着全家人吃着自己炒的菜笑翻了天，林琴南下定决心，学成一些厨艺。

林琴南找到一位福州名厨，跟在后面，潜心学了半个月。果然学得一些厨艺，只要家里来了客人，林琴南跑去掌勺，都能炒出几样拿手好菜来。

有时餐桌边，一家人吃饭的时候，有时晚上乘凉，一家人大树下聊天，林琴南就拿出听来的笑话，跟大家一起分享。有时讲报上的趣闻，有时讲书中的奇事，绘声绘色，风趣连篇。全家人有说有笑，烦恼的事全都抛掉。一个个笑逐颜开，有时吃在嘴里的饭都笑得喷出来了。

父亲逝后的第 25 年，母亲的喉咙里突然长出一个瘤来。开始时细如米粒，后来越长越大，像桃核那么大。吃饭喝水都越来越困难。医生诊断后，说得非常恐怖："人间的药石，怕是医不了。到了这个程度，只有请求神仙相救。""瘤将破裂，会有大量的脓血流出。唉，怕是到死，也不得安宁。"

听着医生的死亡断言，林琴南非常悲痛。突然想到越王台上的大庙山，那里的钓龙井听说十分灵验，常年香火不断。想到这里，似乎看到一根救命的稻草。那里应该能通神，那我就上山，请神仙相救。

冬日的夜晚，四更刚到，林琴南披衣起床，燃起三炷香，对着上天，磕三次头，朝着越王台走去。

到了山口，五更天，山间树林阴森。跟在身后的家人，心中十分害怕。林琴南走得全身发汗，心中期望神仙能出手相救，听到树林里野鸟发出凄厉的叫声，没有一丝害怕。

一连十天，林琴南每天四更起床，上越王台为母亲祈祷。沿途烧香，为母亲祷告。

或许真的有神仙，为林琴南的孝心感动，林母仙逝时，没有呻吟的痛苦，喉里的瘤，也没有流出脓血。

<h1 style="text-align:center">二</h1>

1884年，法国舰队闯进马尾港。马江山上，罗星塔高31.5米，相传是宋朝柳七娘为纪念夫君所建。法舰停泊在塔东，清军舰停泊在塔西，相互对峙。

"叫花子门前有三尺硬地，我们岂能让法舰在我国内江横行霸道？"舰队的士兵枕戈待旦，管带们纷纷请战。

"敌人都钻到我们眼皮子底下来了，岂能坐视不管？"沿江民众向闽浙总督何璟请战，"如若官府一时拿不出钱粮，我们愿自备钱米。战后官府按杀敌数目赏赐我等民众即可。"

"敌人就在眼前，我这就要前去参军，杀敌卫国，你看如何报名？"武术老师方夫子找到林琴南。

"法人用枪炮，你赤手空拳，纵有好功夫，也难以取胜。"林琴南说。

"我想出制敌之术。"方夫子说着，慢慢铺开一张纸。

纸上密密麻麻，写满方教练搜集而来的古代兵法。林琴南细细看着，缓缓说道："古代兵法，拿到现在这样的枪炮面前，是否适用，是个大问题，不是小问题。"

舰队的官兵、沿江的百姓，等来了闽浙总督、巡府的命令，"不可衅自我开，妨碍和议"。

"这一准是总督通敌。"第二天清晨，一千多人涌到总督衙门。辕门被一部分民众冲开，一些人冲上去，将总督仪仗用的凉伞、旗牌连撕带扯。

看着眼前激怒的民众，总督何璟想出一个办法。手里拿着一把剑，走到民众面前，将剑对着脖子，大声喊道："如果我通敌，我还不如立即抹了脖子。"

看到总督把性命豁出去，一群官员立即走上前来，向民众担保："总督没有通敌。"

马尾之战，前文有叙。清军停泊在马尾的海军舰队全军覆灭。

当地民众得到消息，"官员向皇帝谎报军情，将大败报成大捷"。

10月，大学士左宗棠接到皇帝诏令，"升为钦差大臣，赴闽督办军务"。

左宗棠骑着高头大马走在福州大街上，大街两边，数万民众跪在地上，嘴里高呼"丞相万福"。

突然，林琴南和好友周辛仲两个人手捧状纸，拦在左宗棠的马前。

"甲申之役，马江船烬于孤拔之手。定要让实情达于圣上。""若状不胜，赴诏死狱也甘心。"当天晚上，林琴南在日记里这样写道。

1897年，德国派兵舰强占胶州湾。

1898年1月，应皇帝诏令，康有为送上奏折，提出"变法图强"国策。"能变则全，不变则亡"，八个小字，让光绪看得心惊肉跳。"全变则强，小变仍亡"，在年轻的皇帝面前，康有为策划出一条大清走出困境的道路。

2月，林琴南和好友高凤岐来到北京。四只脚刚刚踏进京城的地面，很快得到一个消息，"老乡林旭正在京城组织维新变法团体'闽学会'"。

"我们正好向这位年轻的后生打听京城的政治动向。"两人立即行动，找到林旭。

"你们来得正是时候，眼下京城倡导维新变法，从皇帝到大臣，甚至京城百姓，正在形成气候。"

听了林旭的话，两人顿感，来得早不如来得巧。找好旅馆，买来笔墨纸张，连夜动起笔来。

"请皇帝下罪己诏，承担胶州湾丧权割地的责任，以鼓励士气民心，社稷方有明日。"林琴南缓缓地说着。

"在四个方面，我们向皇帝提出建议案，练兵、储粮、内治、外交。"林琴南望着窗户的外面，眼前斜长着一棵高大的合欢树，垂下虬劲的枝条，将旅馆的院子占去半个天空。

"好，很好，我们就在这四个方面，拟定陈文。"高凤岐铺开纸张。

陈文刚刚写好，门被人推开，伯佛①拿着一卷包装精美的纸走了进来。

看了两人给皇帝的上书，伯佛拿起笔，在后面添上自己的名字。随即燃起一把火，把手中的那卷纸烧了。

"我们现在就向御史台出发。"三人坐进伯佛家人准备好的车里。

_____

① 伯佛：林琴南中举时，福建主考官爱新觉罗·宝廷的长子，林琴南的知己好友，此时已进入翰林院。

御史台前面长满青草，看上去好长时间无人打理。这里是天子的耳目，却似乎是一块荒废之地，林琴南心中想着。三人下了车，只见这里大门紧闭，几个门卫正在值班室里打盹儿。

"你们过五天再来，这些天，长官都在休假，没有人办理公务。"

得了门卫的消息，三人怏怏地回去了。

等到第六天早晨，三人吃了早饭，早早就向御史台出发。这里果然大门敞开。"御史大夫还没有过来，请你们耐心等候。"门卫的话，显得有些客气。

东边的太阳慢慢地爬升，一上午的时间，就在等待中缓缓过去。太阳已经偏西，还是不见御史大夫的身影。看着太阳像一个通红的火球，缓缓落下去，三个人的心情，就像一片浸满水的抹布。

一个人从后面的堂屋里走了出来，站在那里，对着他们说道："长官未到。你们三人留下地址，长官到来时，我们派差役通知你们。"

第三天，终于等来了通知。

御史大夫接过状纸，看了几眼，跟身边的人嘀咕了几句，然后大声说道："伯佛是宗室，其余二人是庶民，联名上状，于礼不合。"停了一停，又继续说道："条陈四策，我细细看了，涉及洋务、外交，请自赴总理衙门向有关官员陈说。"

说完一通话，将状纸交给手下，手下人交还给了伯佛。

林琴南正挪动身子，准备站起来抗辩。伯佛伸手，拉住他的衣角。

回到车上，伯佛说道："百年积弊，满朝腐物，忠贤排于外，争辩也无益。"

林琴南怒气还挂在脸上："满朝文武，不会没有人念及国家。我们还要努力，总能找到通达皇上的言路。"

"官员们也看到百年的积弊，没有人敢把这样的话说出来。你看这位御史大夫，先找于礼不合的借口，再把责任推给其他部门的官员。等我们到了其他部门，那里的官员，再把我们要么推回御史台，要么推给其他官员。我们就是花了一生的精力，怕是半个字也到不了皇帝的案前。他们就是这样，吃国家的皇粮，保自己的乌纱。不是没有责任心，是保官位、保脑袋，就把责任、担当踩在脚板底下。"伯佛说完，看着车子的外面，街上人来人往，店铺的招牌高大醒目。

"伯佛在官道上行走，知晓这其中的路数。"高凤岐向林琴南说道。

怀着一颗热气腾腾的爱国心，满载着兴国大计，居然吃了一顿闭门羹。从京城回福建的路上，看着沿途风光，高凤岐、林琴南没有一丝兴趣。

6月11日，正在教书的林琴南突然得到一个消息，"光绪皇帝宣布，颁发《明定国是》诏书。"

"国家有救了。"看着一道接一道新政法令颁发的消息，林琴南走出教室，背剪着双手，走在教室前的空地上。望着路途上背着书包放学回家蹦蹦跳跳的学生，心中十分兴奋。

炎热的夏日过去，金色秋天到来的时候，突然得到两道恐怖的消息。9月21日，慈禧太后发动宫廷政变，将光绪皇帝囚禁在瀛台。28日，梁启超、康有为逃往海外，林旭、杨锐等六人被杀死在菜市口刑场。

林琴南拿着一把砍柴刀，走到学校门口的绿化带里，对准那些夏日里新长出来的树枝乱杈，一顿乱砍，直砍得全身冒汗，这才停下来。回到家里，在笔毫里蘸满墨汁，重重写出三个字"望瀛楼"，贴到书房的门楣上。

三

一天，妻子刘琼姿突然生病，十天后，相依为命 27 个春秋的妻子与世长辞。

妻子入殓时，几个儿女跪在地上，哭得死去活来。林琴南坐在房间里，静静地整理妻子的衣物，只见件件衣裳破旧，没有一件完好的。看着满床棉缕飘絮，林琴南的眼泪一滴一滴落下。妻子在世时，我没有为她买过一件像样的衣服。夏天里，我没有为她买过一个甜瓜。妻子就这样早早地离开我，永远离开我，一切补救都来不及了。摸着怀里的破衣裳，林琴南的胸腔里塞满追悔和思念。

"几个月来，你整天闭门在家，这样会憋出病来。我们去马江走走。"朋友魏瀚来看望他。

江边草地上，一群朋友一边看着滔滔的江水，一边聊起天来。"这段时间，我在看仲马父子的小说，看得我茶饭不思。"一个朋友说道。

"洋文我是一窍不通啊，将那西洋小说，讲来与我听听。"林琴南说出一句话。

"我来说个茶花女的故事吧。"王寿昌[①]说。

故事里的奇闻逸事，林琴南感觉十分新鲜。情节跌宕起伏，林琴南听得入迷。茶花女悲欢离合的命运，林琴南突然感觉，那就像久雨之后的一天响晴，那就像久晴之后的一场透雨，人生是多么的宝贵！每一天的时光都值得珍惜，每一份情感，都值得珍藏。

"仁兄的大手笔，我们几位都十分赏识。以你的文笔译出来，将是中国读书人的一大幸事。"

"唯有林兄的妙笔，才配得上小仲马的佳作。"几个人怂恿起来。

"兄在家整日里忧闷，何不借此解愁？也让国人知晓，西洋高手有此警世佳作。"

林琴南忧伤的脸上，映出笑容："西洋的小仲马，寿昌和我，我们就试着来个隔空合作。"一边说着，手掌心里一边搓着一片从路边树枝上摘下来的桑树叶。

书房里，王寿昌依窗而坐，小桌前摆着一杯香茶，一碟花生米，手里捧着《茶花女》法文原本。眼睛慢慢地浏览，嘴中用白话文缓缓地述说。

林琴南面前的小桌上，铺着纸张。王寿昌译句从耳朵里进来，文言文翻译从笔尖流出。桌面上的纸一张张换去，手中的笔没有停歇。

王寿昌有时停下来，看林琴南的文言文翻译，连声喝彩。

"亚猛倚树而立，月光溶溶。锄声触地，其声铿然。""马克长身玉立，御长裙，修眉媚眼，脸犹朝霞，发黑如漆。耳上饰二钻，光

---

① 王寿昌：船政学堂的法文教习。

明夺目。"

　　林琴南胸中有无数哀情，仿佛置身其间，与文中的主人公一同经受爱情的烈火，一同感觉心灵的折磨。写到那些动心的情节，身履其境，心动不已，手中的笔止不住微微颤抖。

　　写到主人公情伤的地方，林琴南放下手中的笔，掩面哭泣。"是谁夺走了茶花女年轻的生命，是谁挥动锄头，埋葬了这对情意深深的恋人那纯洁美好的爱情？"搁下笔来，林琴南向着窗户喊道。

　　这时，王寿昌放下手中的书，给林琴南添上一些茶水，待林琴南感情平静一些，心情舒缓一些，才接着口译下去。

　　"铜臭的金钱，门第观念，传统的伦理，扼杀人性，摧残善良。"译完一部分，林琴南站起来，抓起几粒花生米，一边嚼一边说道。

　　"无论古今，无论中外，多少人历经类似甚至相同的凄惨悲苦之境。"王寿昌端起茶杯，缓缓说着。

　　清末著名小说理论家邱炜萲的家里，周末这天，聚集一群文友。品着香茶，嗑着茶几上主人摆出来的瓜子，海阔天空聊开了。

　　茶几上摆着一篇邱炜萲前天完稿的评论文章，几个人睁大着眼睛在看。"冷红生（林琴南的笔名）用文言文的词句章法，翻译欧洲大作家小仲马之小说，可谓宝马配金鞍。妙语串珠，曲尽哀伤。万种情丝牵不断，珠成沧海玉成天。"

　　看了这几句话，黄乃裳抬起头来："我看了最近出版的几部小说，唉，冗沓无味。唯有冷红生的这部译作，灵妙之笔，让我倾倒。"

　　"说说我看《巴黎茶花女遗事》的感觉吧，"黎俊民从八仙椅上站起来，"我可是口味很刁的人啊。然而，这一次，我是如饥得食，读了数遍。每读一遍，我都要准备一块手帕，那泪水啊，就是那么的不争气，一个劲地跑出来。天地本无情，然而，造化却铸出有情人。真可谓文生情、情生文。"

高旭正在翻看书桌上摆着的报刊。"我最近看到《国民日日报》《云南》《春江花月报》,纷纷腾出篇幅,刊载读者品评《巴黎茶花女遗事》。我也写了一首诗,缩命十年拼一哭,病中狂呓泪如倾。"

吴东园望着窗外,缓缓说:"至今青塚埋香骨,一片山茶湿冷红。"

"还是你厉害,出口成诗啊。"邱炜菱笑着赞道。

寒光一直在听大家议论,忍不住慨叹起来。"林琴南翻译《茶花女》,不只是读者看到了异域风情,中国的小说写作界,这一次眼界大开。许许多多中国人习惯的传统旧观念,被西洋人小说里的主人公一一打破。我相信,中国文学界的新思潮,就如潮水一样,滚滚而来,我们就等着看好戏吧。文学界引发人们的思想首先觉醒,这怕是皇帝也没有想到的吧。哈哈!"

蒋锡金教授说:"《茶花女》必将惊醒知识界。我们已经看到,严复翻译赫胥黎的《天演论》,书中进化论的思想,启动政界变法图强。现在人们需要从思想上反封建,《茶花女》必是一大启动器。茶花女的真性情,首先启发人们追求婚姻自由,这就是对封建传统、封建观念、封建意识、封建礼教重重的一击。我看啊,真正民主主义的兴起,当是人们从思想意识,从松开封建礼教对婚姻的捆绑开启。哈哈!"

"有理啊,千百年来,封建礼教让我们中国人对人的真性情板结枯竭,这下,茶花女投下一块巨大的石头,一定在这个国人凝滞的大海,砸下一片大浪花。"邱炜菱听着,竖起大拇指。"皇帝的嫔妃、宫娥、彩女、嬷嬷们,如果看了这部小说,或许某一天,纷纷嚷着找皇帝离婚、离职,去追求自己幸福的爱情,去建设自己美好的家,再也不会把美好的青春埋葬在镶金嵌玉的深宫后院。"

四

1901 年，林琴南进入北京金台书院，被聘为国文总教习。金台书院以前的教师，主讲者多是退休的六卿（六部尚书），林琴南以布衣身份受到聘用，可以看出，翻译《茶花女》获得极大的成功，使他成为那个时代的名人。

一天，好朋友魏易拿着一本英文书走了进来。"这段时间，我在看《黑奴吁天录》。我看了不少英文小说，唯有这本，我反复看了三遍。我感觉，这本小说的故事，扣人心弦。尤其是小说里的人物，如暮鼓晨钟，醒人耳目。"

"喝茶喝茶，我新近买了一斤好茶。"林琴南一边说着，一边将泡好的一杯香茶递到魏易的桌前。

"说来我听听，英文法文，我是两个世界两重天，两眼一抹黑。"

"汤姆是一个黑奴，勤恳努力地为主人干活，主人因为欠下债务，将他卖掉。"停了一停，喝下一口茶，魏易接着说，"接下来，汤姆被一个接一个主人反复贩卖。这些主人，一个比一个凶残，一个比一个没有人性。汤姆被最后一个主人活活打死。"

"黑奴的命运如此悲惨。"林琴南慨叹起来。

"在美国，华工的命运跟黑奴一样悲苦。他们被卖到那里做苦工，他们的血汗、生命、累累白骨，变成白人老板腰包里的黄金。华工到了美国，被锁在铁笼里，亲人被拆散，骨肉分离。而我们的大清政府，不闻不问，也不敢过问。"魏易说。

"国人在美国受到如此凌辱，家人心焦如焚。""我们合作，把它译出来，警醒国人。"林琴南一边说着，一边将一碟瓜子送到魏易的手边。

户外烈日炎炎，书房里热浪滚滚，两个热情澎湃的人，一个手摇蒲扇，将书中的英文转换成白话口头语言；一个挥毫走笔，将口头语转化成文言文。

林琴南写到激愤的地方，时而停下来，捏紧拳头。

魏易说到悲凉、凄惨之处，眼里噙满泪花。

《黑奴吁天录》出版后，一位叫"灵石"的读者，在报纸上发表文章。

"我购买这本书时，满心欢喜，我回到家里，打开书，往后面读下去，涕泪满面。"

"一句话，一滴血，一个字，一滴泪。我的精神被无情地鞭打，一股烈焰在我的心中腾腾燃烧。"

"美国白人主人住的是人间天堂，而他一手为黑人奴隶打造的，是人间炼狱。"

"三更鼓响，这往日的更鼓之声，今夜听来，不是催人入眠，而是警醒世人。"

"我的泪水止不住流出来，流出来，我愿它化为烈焰，烧掉国人的沉睡之梦。"

一位署名"醒狮"的读者，在报纸上撰文《专制雄心超万天，自由平等理全无》。一位署名"慧云"的读者，在《国民日日报》撰文《厉禁华工施木栅，国权削尽种堪衰》。

1905 年，全国各界掀起浪潮，要求清政府废除与美国签订的"排华合法化"条约，各界倡议"抵制美国货"。林琴南向商会写信，

"商会诸公努力奋进，促成政府废除此约，拔吾同胞出苦海"。林琴南向报纸撰文，"吾译《黑奴吁天录》，乃一叫旦之鸡，冀望同胞于热血未凉之前，速速警醒"。

20世纪60年代，以《黑奴吁天录》为蓝本改编的话剧《黑奴恨》在北京上演。

商务印书馆的负责人张菊生、高凤谦，还在年轻时，就是林琴南的好朋友。对于林琴南翻译小说的出版发行，给予了大量的、重要的帮助。商务印书馆专门出版"林译小说丛书"，"林译小说"成为读者眼中的专业术语。

林琴南翻译出版的小说达170多部，无论中国，还是外国，这样的翻译牛人，极为罕见。

有学者指出，林琴南有如此辉煌的翻译出版成绩，正是切合那个时代大变革的迫切需要。

对于西方文化，清朝的中国人，有着固执的偏见，读书人终身不近西学，宁可钻研求学于故纸堆。认为中国才是文明之邦，教化之邦，西方是夷蛮之地，没有教化，没有文明，没有文化，中国人没有必要浪费时间去学西方。

清外交大臣郭嵩焘出使欧洲，回国后，出版一本书。"夷狄者，亦有过千余年文明历史。"书中这样一句话，引起朝臣哗然。众多朝臣纷纷斥责郭嵩焘"荒谬绝伦，是为大汉奸"。最后，该书列为禁书。

鸦片战争，中国人见识了西洋的火炮、火枪、火轮船，对西方的看法发生巨大改变。"西方的强盛，在于他们有战舰，有火枪，有大炮。"曾国藩、李鸿章、张之洞等人，迅速动手，引进西方的工业制造技术。

这批走在时代前列的人，仅仅看到西方的制造技术，对于西方的文化、西洋的文明，即便是洋务派这批人，仍然认为"西方夷狄之地，蛮荒之邦，没有文化可言，没有文明可供我中国人研究学习"。

如何让国人睁开眼睛看世界？如何打翻、打破国人对西方文化、西方文明的认识？林琴南通过自己的笔，通过众多的口译合作者，通过出版社，终于找到能轻松打开国人头脑里固执大锁的那把神奇钥匙——西方的小说。西方大师的小说扣人心弦，让读者欲罢不能；小说生动形象，让中国人远离西方万里也能亲密接触西方人的家庭，亲身切入西方人的日常生活。薄薄的一本书，花一包香烟的钱，就能让中国人潜下心来，听一堂生动的、鲜活的西方政治课、伦理课、经济课、文化课、建筑课、宗教课……

"在中国文学界，林琴南用 170 本西洋小说，轻轻打开中国传统文人顽固不开的世界眼。林琴南将一本接一本西方大师的小说，用中国当时读书人最喜闻乐见的文学表达形式（文言文），送到中国普通读者的手里。让中国高傲的文化人，低下头来，细细感受西方文化中的西方文明。林琴南的贡献，犹如中国的哥伦布，发现西方的新大陆。"（寒光《林琴南》，有改动）

五

林译小说滋养一代文学大师。

鲁迅回忆：我的书柜里摆放好多本林译小说。读了《茶花女》，我非常的佩服。《埃及金字塔剖尸记》的内容非常古怪，我还从来没有读过这么稀奇古怪的故事。《鬼山狼侠传》更是看得我毛骨悚然，趣味盎然。

我对林译小说是那么的热心，只要得到消息，"林译小说出了新书"，我那时在东京，立即跑到神田的中国书社，把它买过来。二话不说，先到订书店，改装成硬纸板的封面。背脊的地方，我跟订书店的师傅提出特别的要求，要用他们那里质地最好的青灰洋布。其他作者的书，我还没有这么热心过。

郭沫若回忆：我是在上学的路上看《迦茵小传》。书里的女主人公，洒下一路的泪水。

我看了《撒克逊劫后英雄略》。受林译小说的影响，我后来还读了这本书的英文原著。书里主人公浪漫的精神，深深地印入我的大脑，就如山道里的车辙一样，人生再多的经历，也很难将它磨掉。

林琴南译的《英国诗人吟边燕语》，让我感觉着无上的趣味。后来我有机会阅读莎氏的原作，然而，无论如何，找不到当初读林译的那种漫无边际的亲切感了。

茅盾回忆：我们世代的文人，把太史公举在头顶，把写小说的踩在脚板底下。

林琴南称"欧洲的小说家与中国的太史公比肩",如此勇敢、如此大胆的举动,让我们那一代文化人十分震惊。

也正是从林琴南之后,中国文化人,也才有以小说家而自豪的。

小说的旧式体裁①,由林琴南而打破。史各特、狄更斯、大仲马、小仲马……诸多外国作家,因为林琴南,开始为中国人所认识。林先生掘开了一条大河,不,一条大江。从此之后,东方的中国,江水泛滥。中国近代文学史,林先生决不可被史家忽略。众多受惠于林译小说的读者,在心中是不会忘记他的。

钱钟书回忆:我12岁时,买来两箱《林译小说丛书》,一下子跌入了一个全新的天地。就像发现新大陆一样,我发现《水浒传》《西游记》《聊斋志异》之外,还有一个新世界。

看着林译小说,我这才知道,西洋的世界是那么的迷人。

我看哈葛德《三千年艳尸记》,描写鳄鱼和狮子的搏杀,对于我这样一个12岁的少年,看着那惊心动魄的场面,紧张得我瞪着眼,张着口,大气也不敢出。

我们读书人,信奉文以载道的真理。直到有一天,看到林译小说,我突然发现,除了用来载道的古文,世间还有这样一类文章,它有着如此强劲的生命力,有着如此鲜活的朝气,有着如此别样的风采。

林琴南将新世界的窗户,一扇接一扇打开。新鲜的空气来了,吹散陈腐的气味,新鲜的风景来了,人们凝重的脸上展现出笑颜。

———————

① 章回体小说。

危亡中的祖国和民族，引进一条新的思想道路、文化道路。

旧式小说的作者，多是失意的无聊文人，地位极低；林琴南打破旧小说的格局，从文体到作者地位，发生彻底大转变。新的创作手法进来了，新的写作技巧进来了，新的文学观念进来了。小说不再是茶余饭后的谈资，一跃而为宣传战场的主阵地；小说作者不再是痛苦的灵魂，而是携风裹雨的大文豪、牛气冲天的著名作家。

六

1906年（光绪三十二年），受京师大学堂总监督（校长）李家驹聘请，林琴南担任京师大学堂预科、师范馆教员，同时任五城学堂总教习①，讲授经学。

经学是什么学？有听讲的同学提问。

林琴南选择经学教材《理学宗传》（孙奇逢著）。将教材中的理学家的语录拿出来，运用历史典故，加以深度解释；运用那个时代的社会现象，加以横向解读。

今天称这样的人为段子玩家。把理学家的段子拿过来，与学生们一起欣赏。既研习历史，又联系现实。从理学家的某些言论里，引申出社会大义，专业说法：微言大义，学以致用。

林琴南将自己的讲稿，编成两部书《修身讲义》。理学分成各个学派，不论左派右派、正派反派，对着不同学派的理论，林琴南采取兼收并蓄的做法。今天称这样的做派为实用主义。不论是哪个学派的理论，只要能对我有用，我就拿来用。林琴南这样做，有一个

---

① 总教习：今天称教务处长、教研组长、学科带头人。

取用的标准，"有益于学生身心"。

这种博古通今、旁征博引的教学手法，深受学生们喜欢。有时候，学生们正听得津津有味，下课铃突然响了，一些学生站起来喊："讲下去，继续讲下去。"

在京城任职的福建人有三十多位，在北京建立闽学堂，请林琴南担任国文教习。朗读课文时，林琴南喜欢用福州方言。"用我们的家乡话，方能读得丝丝入扣，入情入理。语言也是表达的艺术，操福州方言，方能淋漓尽致地表达出作者深厚的思想感情。"说到动情的地方，林琴南忍不住手舞足蹈起来。说到悲凉的段落，林琴南凄楚哀抑的声调，如泣如诉，有些学生被感动得流下泪来。"听林老师的课，上课前，除了准备记录的笔和纸，还得准备好手帕。"

有几次，讲到动情的地方，老师与学生全都哭了。师生工友听到此事，全校轰动。一些工友跑来旁听林琴南的课，听着他抑扬顿挫的朗读，使劲地鼓起掌来。

林琴南讲授经学，课堂上，结合讲义，宣传"经学致用、新学救国"，勉励学生学好新学（西方的制造技术，如物理、化学、数学等）。"若不治新学，徒守旧学门户，则学生学而无艺。"一个人，如果只有身心健康，却没有一门手艺，将来即使成才，也只不过是个废才。

这些年来，林琴南在北京忙着备课、讲课、译书，一双眼睛没有歇着，寻找一切机会，接近天子身边的御史。"当年，我年纪轻轻，与高凤岐、伯佛跑御史台，请御史向皇帝传递我们的奏折，吃了三顿闭门羹。现在，有机会接近御史，与御史交朋友，何不立即行动起来？"

几年下来，赵启霖、江春霖、胡瘦堂、赵公尧，四位御史成了林琴南身边的好朋友。

林琴南经常找御史喝茶、聊天，以茶会友，以书会友，渐渐地，林琴南发现，四位御史成了自己的粉丝，时不时找自己交流读书的体会。

每出版一本新书，林琴南第一时间把自己的签名书送到四位御史的手中。"书中的序言，御史朋友一定认真细心研读，反复玩味，细细体会。"

每译完一本书，林琴南坐下来细细思考，慢慢构思书的序言，打好腹稿。然后，把一双手放在木盆里，用清水仔细揉搓，将手上沾染的墨渍，洗得干干净净。反复抖动几次，这才取下架子上的新毛巾，擦拭干净。

在朝向皇帝的方位，摆着一张桌子，桌子上端端正正放着香炉，旁边摆着几炷香。这时，林琴南取下三炷香，在烛火上点燃，一炷一根插入炉灰下的泥土中，向着皇帝的方位，深深跪拜下去。然后，走到窗前，向着苍天、太阳，跪拜下去。

林琴南这才用手中的毛笔，将心中想好的观点，在译文的序言部分，一段一段地写下来。"书中序言每一个观点，都是我向皇帝进献的奏折，题跋里每一句话，是我向读者进献的金玉良言。"

在《爱国二童子传》中，林琴南在序言中写道："泣血以告天下，请治实业以振国。""变法何年？立宪何年？愿人人各将国家二字戴之脑中，则中兴有冀。"

在《伊索寓言》（严复的儿子严培南、严琚口译，林琴南笔译）序言中，林琴南写道："有志之士，更当无忘国仇。""偷安之国无勇志。"

在《埃司兰情侠传》序言中,林琴南写道:阳刚而阴柔,天下通义也。光武帝以柔道理世,姑息之弊起,累世数百年而不可救。……故余取《埃司兰情侠传》而译之,持国重之以武,冀以救吾国人之衰惫,自励国人于勇敢也。

面对弱肉强食的国际竞争格局,面对日本政府执行军国主义国策,林琴南提出"以武持国",与维新派提出训练新军,与洋务派大办军事工业,理论上极其相似。

林琴南在北京一边忙着教书,一边忙着翻译外国小说,这些年来,好友高凤岐也没有闲着,早就找到一份好工作,在梧州任太守。高凤岐,大家应该还记得他,当年跟林琴南、伯佛一起到御史台送奏折的那位。

一边工作,高凤岐一边努力学习,他心中有一个梦想,"我要去京城,参加御史应聘考试,总有一天,我要当上皇帝身边的御史"。

"你现在任的太守之职,虽然是地方官,那也是州官,是别人梦中都在想的肥缺啊。而那个御史之职呢,虽然也叫京官,但那是个没有灰色收入的官,而且,向皇帝提建议,弄不好,小命不保。还是安心当好你的太守吧。"有好心的朋友来劝他。

高凤岐听到就像没有听到一样。工作之余,捧起书本,努力攻读,朝着梦想中的御史职位,努力前行。

应廷旨之征,高凤岐来到京城参加御史考试。高凤岐哪里都没有去,就住在林琴南家。两人彻夜长谈。

考试过后,高凤岐在林琴南家住了两天,准备回梧州听消息。

一大早，有一位使者送来泥金帖，上面几个大字赫然醒目，"奉旨高凤岐以御史记名"。向使者打听，廷式揭榜，高凤岐高中第一名。

"入御史，可以言利病，可以仁天下。"林琴南高声向高凤岐祝贺。

"这些年我在官场出入，我有一个感觉，现在高兴，为时尚早。政府的事，决非考试第一就能定守。"高凤岐眼望着远方，缓缓说道。

"名列第一者，一向不会被除名的。"使者坐在椅子上，插进一句话来。

送走使者，大家高高兴兴吃过午饭，正收拾碗筷，第二位使者来了。"朝廷廷议结果，前一个决定，已被推翻。"

林琴南听了，抓起桌上还没有来得及挪走的一只碗，准备朝地上扔过去。高凤岐注意到了，连忙拉住他的手。"好好的碗，摔碎了，多可惜。"

走到小院子里，坐到院子边上一棵大樟树树荫下的木椅子上，林琴南说："在御史台，我有四位要好的朋友，赵启霖、江春霖、胡瘦堂、赵公尧，四位御史都是敢于直言的官员。"

望了望远方，看看身边的高凤岐，林琴南接着说："因为直言谏政，赵启霖被罢御史之职，斥归故里。""江春霖愤愤不平，就在赵启霖被罢职的第二年，弃官归隐，回老家当他的小地主去了。"

"宣统三年，胡瘦堂上奏疏弹劾宪政编查馆，提出新官不可滥设、旧官不可尽裁的建议，提出宪政起草当采众议的建议，结果呢，建议案石沉大海。一气之下，胡瘦堂辞了御史之职，归隐庐山，去赏清风明月去了。"

高凤岐掐了一片树叶，在手心里使劲揉搓，缓缓说道："我中华大地，不乏忠臣义士，然而，他们被排挤，受压制。朝廷之中，塞满阿谀小人，偏偏他们得宠幸。一方面，顽症难治，一方面，言路堵塞，讳疾忌医。"一把将手中搓碎的树叶，朝树根上砸过去，嘴里说着，"如此下去，国将不国矣。"

高凤岐回了梧州，两年后，因病辞世。

林琴南得到消息，向着南方（高凤岐亡灵所在的方位）哭喊呼号："长安丽日，江左愁云；蓬蓬春气，肃肃秋律；一生一死，景物竟分。"

1912 年 1 月 1 日，林琴南得到消息，"中华民国宣告成立，孙中山任临时大总统，在南京宣誓就职"。走在路上，看到北京的街头到处是欢呼的人群，林琴南心中十分高兴。

2 月 12 日，得到消息，"清帝被迫退位"。林琴南欣然提笔，写下诗句："终赖东朝识大体，弗争国位恋虚名。最是故宫重过处，斜阳衰柳不胜情。"

清帝退位的第三天，又得到一则消息，"为顾全大局，孙中山辞职。袁世凯为临时大总统。南京专使正赶往北京，迎接袁世凯南下就职"。林琴南坐在书房里，望着窗外的景象，拿出一张纸，慢慢写道："江南已是花朝后，直北才闻爆竹声；风光那知兴亡事，依旧春来日日晴。"林琴南有一个奇怪的感觉，政局有些复杂，手握兵权的袁世凯当政，局面就有可能像魔方一样，难以捉摸。

京城"小有天"饭庄三楼，宾朋满座。严复任京师大学堂总监督，聘请林琴南继续任教，大家在一起欢聚。桌上摆满佳肴，侍者穿梭其间。银杯闪亮，众人都醉红了脸膛。

"砰，砰，砰……"楼下枪声大作。火光从窗户里映进来，人们惊呆了。有人冲过去，用桌子顶死大门；有人跑过去，吹灭蜡烛。房间里顿时黑了下来，所有人都趴在地上，防止被流弹击中。

几个戴军帽的士兵，用枪刺砸铁门。有一个胆大的人，爬起身来，跑上前去，关紧窗户。

门很牢固，士兵们在那里砸了半天，没有砸开，悻悻走开，朝隔壁的房间奔过去。林琴南就在窗户边上，透过空隙，朝外面望去，只见隔壁酒店的人跑出房间，四散奔逃。在那逃散的人群后面，兵士紧追不舍。

外面传来大声呵斥的声音，传来呼喊开门的声音，传来钢刀劈砍柜子的声音。

大约一顿饭的工夫，全城有 12 处火光，染红了京城的天空。

林琴南发现，大街上有一个士兵，举着火把，朝着酒楼的方向走过来。

房门再牢固，也挡不住火烧。如果不逃出去，所有人都要变成焦炭。正在思考对策，发现那个士兵举着火把，照亮大街的地面，在那里捡拾人们丢在街上的财物。

第二天一大早，惊吓了一夜的人，走出房门，走到大街上。这才得到消息，2 月 29 日的兵乱，是袁世凯的部属，北洋陆军第三镇，由曹锟率领发动兵变。全城有 12 处遭到抢掠，其中包括南方派来的专使蔡元培、汪精卫的住处。

北京市民举行请愿活动，"袁世凯留在北京，防止再有兵变"。

北京街头兵乱横生，跟众多的北京市民一样，林琴南举家外逃，

3月2日逃到天津。

在租界一家旅馆的房间里，坐在桌前，望着一轮明月远远升起，看着窗外的街道渐渐陷入黑暗之中，林琴南静静感受着外界的宁静。

就在喝完一壶茶，准备再沏上一壶时，外面明亮的火光从窗户里映射进来。奔到窗前，只见北边的地面火光冲天，那些大火燃起来的地方，能听到民众哭喊的声音。

林琴南冲下楼，走到街上，想打听一下消息。街道的出入口，外国士兵严密把守，不许任何人进出。

惊慌了一夜，第二天天亮时分，戒严令解除。林琴南走到出事的地方，几幢楼房已经烧毁，只剩下空空的架子。有的地方还冒着青烟，几个老年人带着孙子，站在那里望着废墟发呆。没有烧毁的门板上，有刀砍的痕迹。

"四十名北洋军带头闹起来。他们先是抢财物，之后，拿来火把，烧掉这几栋楼房，烧掉他们抢劫的痕迹。"

天津的市民举行请愿活动，"袁世凯留在北方，防止再有兵变"。

南京国民政府答应北京、天津市民的请求，最终，袁世凯在北京就任国民政府临时大总统。

后来，历史学家发现，北京兵变（2月29日），天津兵变（3月2日），都是袁世凯指使曹锟等人演的"戏"。故意让市民遭殃，从而达到北京就职的目的。

1912年10月，林琴南全家返回北京。此时的林琴南，已成为知名翻译家，成为无数"林译小说"读者心中的明星。

1915年4月，袁世凯亲信徐树铮创办正志学校，请林琴南执教古文，并任教务长。徐树铮曾经留学日本，钦佩林琴南的古文功夫，自称林琴南的门生，"终日侜偬军事而醉心古籍"，林琴南也十分欣赏他。

林琴南招呼徐树铮在客厅里坐定，随即递上一杯上好的香茶。

从古代文学到正志学校，徐树铮谈兴浓郁。谈着谈着，徐树铮说道："我这一次来，是奉袁总统之命，请您出山，担当政府高级顾问。"

听到这里，林琴南很想把他骂出门去。心中一想，徐树铮也是上命难违。林琴南稳定心志，缓缓说道："不才已老朽，这一次要负公美意了。"说着话，嘴里故意不停地咳嗽，面部咳得潮红。

望着门外的豪华车载着主人失望归去，林琴南转过身来，回到书房，拿起一张纸，狠狠揉碎，用力扔进了废纸篓。

1915 年初秋的一天，内务部的一位官员，推开林琴南家的门。一进门，客人双手送上徽笔、徽墨，送上玉版宣纸。

看着名贵的文宝，看着客人的笑脸，林琴南将来客迎进客厅。

两人坐定，客人一边喝着林琴南递上来的香茶，一边赞叹林琴南的译书如何了得，如何了不得。

"我是您译作的忠实读者。今天，我也是受内务部的委托，荣幸地来到贵府，希望您以'硕学通儒'的高贵身份，移动贵脚，赴衙向袁总统签署'劝进表'。"

林琴南已经得到消息，袁世凯不满足于国民政府总统的职位，想着当皇帝。如此祸国殃民的人，还想着当皇帝，还想让我给他签署劝进表，真是可恶至极！林琴南在心中骂着。

林琴南缓缓说道："喜欢看外国小说，也请你多提宝贵意见。"停了一下，接着说："烦您转告，我身体有病，也极少出门走动，无法赴衙。我一小民，也不值得如此抬举。"

来客起身告辞，回内务府报告上司去了。

1915 年 12 月 12 日，看着一大摞"劝进表"，袁世凯做出决定，实现自己的皇帝梦，并将 1916 年 1 月 1 日改元洪宪元年。

就在袁世凯宣布恢复帝制时，南方各省纷纷宣布独立。1916 年 3 月 22 日，做了 83 天皇帝的袁世凯被迫取消帝制。

1916 年春夏之交，此时林琴南已 65 岁，一天，徐树铮突然登门拜访。

1916 年初秋的一天，暑气还没有褪去，北京的地面还处在酷热之中。一辆豪华的车停在林家门前，国务总理段祺瑞走了出来。袁世凯刚刚离开这个喧嚣的世界，段祺瑞掌管国政的第四天。

这个时间段上，他的公务肯定异常繁多，为什么花宝贵的时间来我这里串门？听到家人的通报，林琴南心中纳闷。

客厅里，双方一番客套后，坐在椅子上的段祺瑞，端着香茶，说出自己的来意："我想请动您的大驾，担当政府顾问。"

林琴南笑了，取下纸笔，写出一句诗来："长孺但能为揖客，安期何必定参军？"

段祺瑞一看，明白了林琴南的意思，两人畅谈起生活来。

送走段祺瑞，林琴南感觉一身轻松，倒掉壶里的茶叶，重新给自己沏上一壶上等的好茶。

1920 年 11 月 29 日，林琴南已是 69 岁，头发花白。这天，一大早，林琴南坐在马车上，端正衣冠，拜谒光绪的陵墓崇陵。

时序隆冬，车外寒风刺骨，间或有尚未化去的白雪在枯黄的草地间出没，偶尔小鸟在树林里扑打翅膀。我这一辈子对国家前途忧心忡忡，我虽然是一介布衣草民，以文字为生，然而，国家在我心中比天都高。光绪皇帝的变革，使我看到了国家振兴的希望。我这一生唯一看见的一次希望之光，仅仅一百天，就被恐怖的黑暗吞没。直到今天，从袁世凯到段祺瑞，从南到北各方各派军阀，从他们身上，我没有看到国家的前途在哪里。我要来哭，我要来拜谒我心中的希望之神。虽然他死了，埋在了地下，变成了一堆骸骨。我的心中仍然有一个强烈的希望，虽然他人死了，他的灵魂能活下来，能传递给我们子孙万民，这就是国家的希望所在。

到达崇陵时，太阳已经西斜。来到陵前，宫门严闭。卫兵打开时，一股阴森的冷气扑面而来。

陵殿前的燎池里，有浅浅的一层薄灰，早已冰冷。通往陵殿的石径，石缝间长着杂草，地上铺满落叶，看不到人从上面走过的鞋印。偶尔有一阵风，吹动殿前的几面旌旗，发出几点声响。

地宫沉闷到何日？主客相对涕泪滂。

离开这里时，天空突然阴沉下来，不一会儿，天空中纷纷扬扬飘下雪花。雪花越来越大，铺天盖地。

千里一片白，万物皆成冰。林琴南向着慈禧陵墓的方向望去，突然有一种寒冷彻骨的感觉。手指早已冻得麻木，林琴南赶紧坐到车里，指示车夫启程回家。

林琴南一共九次拜谒光绪的陵墓。有时单独前往，有时有好友陪同。

一天，京郊门头沟，林琴南在一家中西合资的煤矿参观。看到从矿坑里出来的矿工，脸面被煤炭弄得灰黑，又看到他们进入矿井时，每人手里提着一盏小油灯，同行的朋友陈群荔说："地下的矿坑里一片漆黑，堆满煤石，非常危险。矿工要借着小灯的光，才能向前爬行。"

中午时分，各家的主妇送来饭食，放在坑洞门口。上千名工人从坑洞里涌出来。大家飞快地吃饭，也不休息，立即返身回井。

回到家里，林琴南写道："十年以来，屡得乞米之帖，余皆应。以四十年计，所糜者已万金矣。"

林琴南的这个记录，不是虚言。童年、青年时期，林琴南吃过不少苦，对于贫穷人的苦难，感受深切。

73 岁那年，家乡福州来信，请他担任名誉乡长。林琴南回了一封信，选摘几句如下：钟贵、仲清二侄同览。余无才无德，不足为一乡之长。二侄既为众亲族所举，义不容辞。今作信与尔二人，秉公行事。代余为乡里效劳。第一，不可势压；第二，不可徇情；第三，以真心情对亲族。不必无风起浪，不必小题大做。即吃小亏，也不算什么。

如以小事争执，立时兴讼，不是矣。果使和事不成，及至构讼，尔二人可将吾此信呈堂，敬求问官大老爷，念寒族无知，极力劝其息讼。纾七十有三之年，必望乡山向官大老爷叩头伸谢也。

钟贵、仲清两人，遵照林琴南的嘱咐，遇到亲族中打官司的，出示林琴南的这封信，加以劝说，果然讼构即解。

林琴南的桌上，摆着几份报刊。1917 年初，《新青年》发表的胡适的文章《文学改良刍议》、陈独秀的文章《文学革命论》。两篇文章，提倡白话文和新文学，反对文言文和旧文学。

端着一杯茶，回想自己走过的路，林琴南一个感觉越来越强烈：

我幼年，无书不读，哪一本不是古文？中年后，专攻唐宋古文，熟读《左传》《史记》。现如今我七十多岁，每得一篇韩愈名篇，就粘在案头，拿纸巾盖上。早晨起来，我掀开盖头，诵读一遍，全身神清气爽，犹如春风拂面。数月之后，古文烂熟于心。

我正是喝进了无数的奶，今天我林家的草地才长得如此茂盛繁华，才有我 170 多部译作。

如果切断"初乳"，不学文言文，不学旧文学，不读古代文章，改喝没有汁水的"白话文"，试问我的文章源头在哪儿？我还能笔下生辉吗？怕生出来只是一堆渣土吧？难道我双手捧出一堆渣土送给读者？

林琴南拿起笔来，制造出一颗重磅炸弹《论古文之不当废》，向着胡适、陈独秀等人掷了过去。

如何对付林琴南？钱玄同、刘半农两人想出一个办法来，两人以《文学革命之反响》为题，演双簧戏。1918 年 3 月，钱玄同托名王敬轩在《新青年》发表《给新青年编者的一封信》，扮成旧文学的卫道士，大骂白话文学，极力鄙视白话文。文中，把林琴南推为旧文学的当代首领。

刘半农以《新青年》记者的身份，发表《复王敬轩书》，把文言文、古代文学批驳一通，讥笑林琴南古文不通，挑林译小说的毛病，骂为"桐城谬种"。

3 月 18 日至 22 日，林琴南在《新申报》发表《妖梦》文言短篇小说，虚构一个伟丈夫，力拔山，气盖世，伟丈夫把提倡白话文的三青年，一网打尽。

北大校长蔡元培坐不住了，发表文章《答林琴南君》，指出在学校，对于古代文学、白话文学采取"兼容并包主义"。

1924年10月9日，林琴南谢世，享年73岁。

林觉民

·

从街头演说到领导起义

福州的林家，是一栋三进格局的老屋子，梁柱剥落，石板磨损，土墙斑驳。连接一进与二进的长廊里，簇拥着两蓬翠绿的竹子。看得出来，这家人祖上还不富贵，到了这一代，还是落魄文人。

林孝颖考上秀才，父亲十分高兴，敲锣打鼓，娶来黄家美女，与儿子成亲。

成亲的当夜，林孝颖执意不进洞房。

"我不喜欢她。"父亲高举的皮鞭下，执拗的林孝颖不服骂，不服劝，走出家门，一头钻进街头的小酒馆。

林孝颖终日以酒为伴，以诗为妻。不进黄氏的房门，再也无意于功名。

看着弟弟整天抱着酒瓶，泼墨作诗；看着弟媳形单影只，房间凄凉，哥哥做出决定，将儿子林觉民过继给弟弟。

"哥哥送给我的这个儿子，过目成诵，天资聪慧。"看着送到眼前的儿子，林孝颖十分高兴，"我一定要下大本钱，好好培养。我的这个聪明儿子，将来啊，一定科举及第，富贵荣华。"

13岁，林觉民参加童生考试。

看着林觉民试卷上的一句话"少年不望万户侯"，阅卷老师摇摇头，长叹一声，"又是一个一辈子只喝酒不喝墨水的料"，这份考卷的后文看都不看，随手扔到废纸篓里。

今天的福州一中，前身是全闽大学堂。当年内阁学士、礼部侍郎陈宝琛赋闲在家时兴办。

林孝颖没有功名，他的诗文却深得陈宝琛赏识。陈宝琛将林孝颖聘为国文教师，林觉民跟着父亲进全闽大学堂读书。

此时林觉民15岁，全闽大学堂里，维新思想、新学说在这里轮番上演，林觉民浸润在平等、自由的全新思潮之中。

1900年8月的一天，林觉民得到消息，"八国联军攻入北京"，接着又得到消息，"朝廷与八国联军签订和约，赔白银4.5亿两，分39年还清，本息共9.8亿两"。

当天晚上，林觉民给自己起了一个号"抖飞"。有人点评，面对外国军队入侵的炮火，面对清政府的无能，这个少年的心中，"突突"着燃烧起一团火焰。

一天，林孝颖得到一个消息，儿子林觉民经常去吉庇巷的谢家祠，在那里，创办了一个阅报所。

儿子果然有出息，小小年纪，就能办点事。正在想着，兀自高兴，又一个消息传来。阅报所里，除一般的书报外，塞进了《警世钟》《天讨》等禁书。

"那是传播革命的书刊，你这样做，不是在玩火吗？"林孝颖赶紧把儿子喊过来，"小子，你还不懂世事，你这样做，就不只是要把老爸我这教职给搞丢掉。把那些禁书，赶紧给我收起来。"

一天，全闽大学堂的一位校监来找林孝颖聊天。

捧着林孝颖端过来的香茶，校监细声地说："在七君庙，青年学生搞了一个爱国社。他们常在那里组织活动。"看到林孝颖一边嗑着香瓜子，一边在听，继续说道，"有一天，我也混了进去，听了一场演讲《挽救垂危之中国》。""千万别小看这些青少年啊。演讲者拍案捶胸，情动人心，声泪俱下。在座的听众，一个个激情满怀。我看啊，亡大清者，必此辈也。你想知道那个演讲的人是谁吗？你的儿子林觉民。我们这辈人，要暗中为下一代骄傲。"

校监抓了一把瓜子，一边嗑着，慢慢走出门去。望着校监远去的背影，林孝颖惊出一身冷汗。孩子大了，偷偷地玩火，我又不能绑住他的一双手，又不能拿缝衣针缝住他的那张嘴，该如何办啊？

正在寻找对策，一天，又一道消息传来。在城北一个偏僻的房子里，林觉民和几个同学办了一所私立学校，收穷苦人家的孩子来读书。

"算是办点正事。"林孝颖望着屋外的太阳，缓缓想着。

过了几天，打听的人传来消息，"林觉民不只是教学生读书识字，主要是讲授西方的学说，讲自由、平等的思想"。林孝颖听了，望着秋风中的树叶，看着它们一片片在风中摇晃，然后慢慢落下来。林孝颖摇了摇头，望望地面，那里的落叶，已经厚厚地铺了一层。

冬天到来，全闽大学堂放寒假。有一天，林孝颖突然发现，家里一间宽大的厢房，被林觉民布置起来，做起了女子学校。

过了几天，林孝颖发现，来听课的学生都是女人。林觉民的新婚妻子陈意映，堂妹、弟媳，甚至还有年纪大的堂嫂，邻居家的女人也来了不少。女人们坐在一起，听林觉民"校长"大声痛斥封建礼教对女性的束缚、压迫，听林觉民老师讲西方的男女平等、女士优先。

十几天时间过去，林孝颖突然发现，这些听了课的女人，林觉民的堂妹、弟媳，还有几位女邻居，一个个扔掉裹脚布，当起大脚女人，迈开大步，走出家门。

第二年新春，刚刚建立的福州女子师范学堂开学。林家的女人们，早早就跑去报了名，成为该校第一批录取的新生。

他这样搞下去，一定要在福州搞出大事来，官府迟早会盯上他。林孝颖端着茶杯，缓缓地想着。他还年轻，不知道世道险恶。有没有办法，让他离开福州这块是非之地？

看着家里跑来跑去的白猫，突然，一个主意蹦了出来。福州有许多人到国外求学，之后有的找到了很好的工作，有的发了大财。我也把林觉民送到国外去，自费留学，他的那些自由思想、平等观念，到了外国，就是普通平常、人人知晓的理论观点，就不值一钱。那时，他就全心攻读，他天资聪慧，将来必成为我林家的栋梁之材。

1907 年，林孝颖给儿子觉民买了一张去日本的船票："你第一年专攻日语，首先攻下语言关。否则，你纵有天大的想法，也实现不了。"

第二年，林觉民考取庆应大学哲学系，同时兼修英语、德语。

天气越来越热，林孝颖坐在后院里的木凳上，手里摇着扇子，数着天上的星星，心情愉快。"哈哈，我这个儿子，终是英雄有用武之地。"

林孝颖绝没有想到，在日本，早就有人建起一座愈烧愈旺的火炉，孙中山、黄兴组织一批强人，正在狂热地往炉膛里添煤加柴。

那个喷火的炉子，正处在高速而且猛烈的裂变之中。

在林觉民赴日本的前两年（1905 年），在日本东京，孙中山、黄兴创建中国同盟会，集聚一大批思想激进、观点鲜明、措辞强烈的海外青年学生。高举的旗帜，直指当时中国现政府："驱除鞑虏，恢复中华。"

林觉民到达日本，还不到两个月，就得到同盟会的消息，不到半年时间，就加入同盟会，经常出席同盟会主办的演讲。凭着自己出色的口才，凭着自己当女校校长练就的嘴上功夫、思想功夫，凭着自己接触到的西方资产阶级的自由、平等、博爱学说，迅速成为演讲坛上的大红人。当时同盟会报刊报道林觉民演讲，经常用到这样几个词，"指陈透彻""举座皆惊""举座为倾""顾盼生姿"。

除了演讲坛上的功夫了得，他的笔同样显出力度。《告父老文》《驳康有为物质救国论》《六国比较宪法论》相继发表。

当初"不望万户侯"的少年，现在人们才知道，他的心中望的是什么。"中国危在旦夕，局势危如累卵，大丈夫当以死报国。仗剑而起，同心协力。血气男人，决不可忍受亡国惨痛。"

在同盟会福建支部，人们经常看到讲坛上活跃着一位口若悬河、慷慨激昂的热血青年。

1910 年 11 月，马来西亚槟榔屿，孙中山召集各地同盟会骨干成员，秘密召开举行大型武装起义的会议。

会议做出决定，在全国举行武装起义。具体分成三步走。第一步，在海外华侨中募集款项，用于购买武器。第二步，从各地革命党人中，挑选数百名敢死队员，齐集广州。在广州当地，策动一部分清军、巡防营、民军参加起义。第三步，占领广州后，起义军北上，发动北伐革命战争。各地革命党人响应，推翻清王朝。

林觉民接到指令，"回福州策动革命人士响应起义；挑选福建志士，前去广州，壮大起义队伍"。

一天晚上，家中的大门吱扭着被一双手推开，林觉民的身影出现在家人的眼前。

看着妻子一脸的惊喜，看着父亲满脸的惊诧。"平时放暑假才回家，现在正值春三月，为何突然回家了？"父亲的话，劈头盖脸而来。

还在路上，林觉民就猜想到父亲心中的疑问。放下手中的旅行箱，将早早准备好的答案拿了出来，他缓缓说道："日本的学校作兴放樱花假，就像我们这边的学校春季里搞学生踏青郊外游一样。有几位日本同学想利用这个假期来我们福建旅游观光，我当他们的导游，顺便回家看看。"

听着儿子的话，父亲心中还是有一丝疑问挥之不去："你也大了，我也管不住你了。你的事，自己做主吧。我也老了，一大把年纪，只有一个想法，平平安安度过我的晚年。"

林觉民听出来了，父亲的心中，透露出一丝隐忧。

夜深了，睡在床上，妻子把林觉民的手拉过来，放在高高隆起的肚皮上，轻轻地说："我已有八个月的身孕，孩子再过两个月就要出生。我理解你从事的事业，但是，我自己现在非常需要一个安全、平稳的家，来迎接这个孩子的到来。"

这一次，林觉民在家中住了近二十天。每天早出晚归，十分忙碌。

找到福建同盟会总干事林斯琛等人，筹划响应起义的准备工作；联络福州、连江等地的爱国志士，落实、挑选前往广州参加起义的人员；在福州西郊西禅祠，召集一批人手，秘密制造炸药。

看着造好的成堆的炸药，一个大难题爬了出来：如何将如此多的炸药安全地运往广州？

一天，看到西禅祠偏殿里摆放着的几副棺材，林觉民突然想出这个大难题的解决方案。把炸药放进棺材里，派一批人，男男女女，老老少少，装作逝者的亲属，一路相送，送往广州。

广州起义计划十分周密。时间定在 4 月 13 日，全部人员分成十路，重点进攻总督衙门、军械局。另外几路人马，在旗界等九个地方放火，制造混乱。在新军的内部，已经安排一批人手，进行内部策应。

起义前夕，革命党人温生才（此人不知晓起义的计划）自己策划方案，刺杀清政府广州将军孚琦。立即引起广州地方政府、守备军队警惕。全城实行戒严，大批警察出动，紧急搜查革命党人。

清政府的搜查人员，成功截获一批外地运往广州的炸弹。清军立即进入戒备状态，广州市内，重大机关的防范措施，一日之间大大加强。清政府十分警觉，迅速从各地抽调兵力，增援广州。

形势陡然之间发生大的变化，革命党人迅速做出反应，将起义时间往后推迟。

4 月 23 日，黄兴从香港潜入广州，随即加紧起义前的各项准备工作。

革命党人内部高层有一位知晓起义计划、起义方案的人，突然向清政府告密，得到了一笔丰厚的赏钱。

25 日，大批增援的清军到达广州城。一批接一批的军队、警察，按照告密人提供的信息，成功破获多处起义组织，破获多处领导起义的秘密机关。

"形势越来越危急，越来越不能往下等，我们该怎么办？"黄兴开动脑子，不停地寻找方案。黄兴临时做出决定："人员已经到齐，武器也已经运到，我们在 4 月 27 日发动起义。"

下午 5 点半，黄兴带领队伍，向总督署发起进攻。敢死队员手臂缠着白布，腰里缠紧炸药，手持枪械，冲在前面。

这一路打得十分英勇，不久炸开总督署的一段院墙，起义队伍从豁口涌入总督署。起义队伍发现，两广总督张鸣岐及所有官员全部提前撤走，只留下一座有军队守卫的空房子。

黄兴决定，按计划进攻督练公所（新军训练机构，新军军营）。前进途中，遭遇水师提督李准的卫队。双方展开激烈的巷战。林觉民腰部中弹倒下。

起义失败，林觉民被清军捕获，后被清政府杀死。

当地一些人出面，将牺牲的 72 位起义军将士的遗体收殓起来，合葬在广州城郊黄花岗。

为着逃避清政府追捕，林家将杨桥巷老屋卖掉。买进这座房子的人叫谢銮恩，他的孙女谢婉莹，即冰心。

陈世英

粉碎日本侵华阴谋

1917 年，第一次世界大战协约国（英、法、俄、意）与同盟国（德、奥匈、奥斯曼）激战正酣，突然传出消息，俄国爆发十月革命。

苏维埃夺取政权，随后与德国签订停战协议。

协约国高层商量后，做出决定，"出动军队，帮助俄国扑灭苏维埃"。中国、日本，都属于协约国阵营。日本出动大批军队，扑向俄国东部的港口城市。中国出动陆军一个团，海军一艘舰。

陆军第九师团长宋焕章接到命令，立即行动，率领全团官兵两千人，分成六个班次，从北京出发，乘坐火车，到达哈尔滨，之后，向海参崴推进。

海军"海容"号巡洋舰舰长林建章，接到命令，随即指挥军舰，由海路航行，到达海参崴。

无论宋焕章，还是林建章，到了这里，看到这里的情况，无不大为吃惊。当年在清政府治下，这里还是中国的领土，是个名不见经传的海边小镇。俄国占领这里以后（1860 年，根据《中俄北京条约》，海参崴被迫割让给俄国），这些年，经过俄国人的经营，这里经济发达起来，尤其是商贸活动，异常活跃，大街上塞满俄国、中国、日本、美国的商人，港口里挤满世界各地来这里交易的船只。当地人称"金崴子"。

宋焕章、林建章商议后，做出决定，"司令部设在海参崴，部队分散在庙街、伯力驻扎"。

时间在晃晃悠悠中过去，这里没有苏维埃红军，只是偶尔来一支红军游击队。整个西伯利亚，差不多处于零战争状态。

到了 1919 年夏天，一批接一批的消息传来，"乌克兰成立苏维埃社会主义共和国""白俄罗斯成立苏维埃社会主义共和国"。

协约国高层的意见开始向一边倒，"俄国的形势，已经越来越明朗，苏维埃不是我们出兵就能剿灭的"。"我们驻军西伯利亚已经没有任何的价值和意义，苏维埃只会越做越大，越做越强。我们还是趁早撤军为妙。"最终，协约国高层做出决定，"各国驻西伯利亚军队全部撤出"。

接到撤军命令，宋焕章、林建章立即部署军队"做好撤军前的准备工作，就地采购、补充撤军途中所需要的各种物资"。

突然一道消息传来，"日本军队没有撤军的迹象"。第三天，又一道消息传来，"日本从国内增调五千兵力"。

宋焕章、林建章立即跑到日军的营地，只见这里的军帐一座接着一座，日军荷枪实弹，布防严密。

"美国与俄国，远隔重洋。日本与俄国，隔海相望。现在，俄国国内苏维埃红军活跃，对日本安全构成威胁。"日本政府发来照会，"西伯利亚政局动荡，日本侨民境况堪忧。日本不便立即撤军。"

宋焕章、林建章把发现的新情况、新变化立即形成文字材料，快马加鞭，向海军部、陆军部紧急发送。

海军部少将参事王崇文（福州人）看着这份消息，铁拳捏得嘎嘣响，"日本虽小，野心真大啊"。连夜动笔，向海军部提出建议。

"日本的野心，暴露出来了。这条狼的一双血红的眼睛盯上的，不只是寒冷的西伯利亚，而且对我们温暖富饶的黑龙江直流口水。"

"依据《瑷珲条约》（咸丰八年，即1858年立约），无论中国的船只，还是俄国的船只，都可以在黑龙江、乌苏里江江面上行驶。现如今，这两条江的航行权已经被沙俄独自占领。据报告，中国方面有43家轮船公司约107艘船只，即使在我中国的江面正常行驶，也经常受到白俄的无端侵扰。"

"我郑重建议，利用这次沙皇俄国倒台的机会，为着防范日本不测的野心，出动军队，把本来属于我们的航行权取回来。现时不动手，等到日本坐大，或沙俄喘过气来，到那时，机会已逝，一切为时就晚了。"

建议案送到海军总长萨镇冰（福州人）的案头。

这是个机会。萨镇冰端着茶水，心中思忖。关键是人手，该搭建一个什么样的班子呢？想了一会儿，一个方案在头脑里清晰起来。

萨镇冰当即动笔，在建议案后面，写出批复：任命王崇文为黑龙江筹办处处长；请海军总司令调派四艘军舰，组建吉黑江防舰队，驻防松花江、黑龙江；任命陈世英为吉黑江防舰队领队。

"江亨"号炮舰舰长陈世英接到命令，随即率领"江亨""利川""利捷""利绥"四艘军舰出发。

舰队接近庙街时，已经是9月份。北方与南方不同，此时的南方，正是秋高气爽的美丽季节，北方的天空，时不时飘落雪花。

看着水面越来越凝滞，水中时不时有冰凌出现，陈世英心中有些着急起来。如果水面结冰，我们就难以在封冻之前赶到目的地黑龙江。眼下，水中情况不了解，航道不熟悉，如何才能加快航行的速度？

舰队到达庙街。陈世英发现，这里已经更名为"尼古拉也夫斯克"（沙皇的名字）。大街店铺林立，行人如织，经济发达。接着得到消息，"当地两千多名华侨，看到家乡来的舰队，心情激动。希望上舰参观，希望送一批当地的土特产上舰慰问"。

陈世英眼前一亮，当即发出指令，"在舰上拉出横幅标语，欢迎华侨上舰参观，感谢家乡父老慰问"，"在舰上华侨入口的地方，贴上一个招聘启事，招聘熟悉航道水情的领航员"。

望着甲板上堆得像小山一样的皮靴、皮衣、皮帽，望着一袋袋风味腊肉，望着新鲜的水果蔬菜，望着华侨敲锣打鼓送来的慰问品，陈世英心情激动，当即发出命令，"根据领航员提供的信息，往年在这个时间段，江面就开始冰封。现在立刻起航，以最快的速度，向我们的目的地黑龙江进发"。

四艘军舰驶近一座横跨江面的大铁桥，突然，平静的江面上响起一阵阵炮弹爆炸的声音。一枚枚炮弹贴着舰身向前边的水面飞过去，几枚弹头就落在前面的江面上，炸起的水花有几丈高。

瞭望员随即发来报告："日军开炮，目标不是攻打我们舰队，而是武力威吓，阻止我们舰队向前行进。水下布有水雷，前面水域非常危险。"

陈世英立即发出指令："舰队停止前行，暂且返回庙街停泊。对于日本军舰、日本军队营地，继续侦察。我舰队处于一级战备状态，防止日军偷袭。"

回到庙街第二天，水面开始封冻。滔滔的水面，滚滚的流水，静止下来。

进入 10 月份，冰层越来越厚，江面可以跑马，舰队哪儿也去不了。

苏维埃一支红军部队，追击白俄军队，从西边向东边深入。一天清晨，枪声在庙街四周响起。

傍晚时分，一位白俄军官急匆匆走上指挥舰，紧急求见陈世英："我们后面跟着一支红军，紧追不放。希望借用你们停泊在这里的军舰，截击他们。"

陈世英想了想，说道："我们接到的指令，是保护当地的侨民。你们国家内部的战争，我们不便介入，不便干涉，否则，我们会引火烧身，后面的麻烦不断。"

白俄军队挡不住红军的追击，向东边溃退逃窜。红军占领庙街，日军缩进领事馆内。陈世英命令舰队"处于军事戒备状态，防止突发事故"。

一天下午，两位红军军官走上指挥舰，陈世英接待他们。"我们来通报最近的情况。白俄的军队，逃出庙街。日本军队，利用夜色的掩护，向我们红军发起偷袭。我们打退日军的进攻，日军被迫缩回领事馆。我们也要友情提醒你们，防止日军偷袭。"

送走红军军官，陈世英命令军队，"加强戒备，加强夜间值班巡逻"。

两天后，又一位红军军官走上指挥舰："我们得到消息，日军正在做反击我军的准备动作。我们决定，趁早攻破日本使馆，打乱日本的反击计划。"看着陈世英认真在听，这位红军军官继续说，"日本领事馆的外围墙十分坚固，我们需要重型的武器来轰破它。目前，我们是马队、骑兵部队，缺乏这样的重型武器。我们注意到，你们的军舰上有炮。希望你们借炮和炮弹给我们。"

送走红军军官，陈世英立即召集"利川""利捷""利绥"舰长，听取大家的意见。

"在我舰队前行的水下，日军布下水雷。在我舰队前行的水面，日军开炮威吓。日军这是什么行为？这里我看不出一丝友好的字眼，那就是敌对行为。"一位舰长说道。

"我们不便出面直接打日军，那样的话，会挑起国际战争。但是，借炮给别人，利用别人的手，打日军。我们守住这个秘密，也要求红军守住这个秘密。日军挨了打，也找不到我们的茬。"另一位舰长说道。

陈世英做出决定："借格林炮、边炮各一尊，炮弹23发给红军。条件是苏维埃红军严守秘密。"

有了火炮，红军如虎添翼。包围日本使馆的红军，用火炮轰塌使馆的几处高墙，红军骑兵从轰塌的缺口一齐往里冲。

冲进院子的红军，冲向保卫大门的日军。红军控制大门后，迅速打开大门。包围使馆的红军从大门一拥而入。

这一仗，打死日军30多人，俘虏日军180多人。一部分日军趁着混乱，逃出使馆。

第二年春天，红军往西撤退。撤退前，红军将两尊大炮以及剩下的炮弹全部归还。"我们虽然严守秘密，但是，你们仍然要小心日军报复。"红军长官临走前，特别提醒陈世英。

一天，侦察员前来报告："水面突然出现日本舰队，共计22艘。"

一位舰长得到消息，立即来到指挥舰，向陈世英说："我们赶紧起锚，撤离这块是非之地。"望着远方的天空，陈世英想了想，缓缓说："摆在我们面前的日军力量，如此强大。如果我们现时开溜，一准溜不掉。他们会在中途设伏，在人不知鬼不觉的地方，把我们打沉海底。我们现在就在这里原地不动，以保护我国侨民的名义。至少到目前，我们还没有把柄落在他们手里。"

"为着防止日军强行登舰寻找证据，我们现在就必须动手，把所有大炮、炮膛、炮身，擦得干干净净，不留一丝痕迹。战斗人员、炮弹设施全部就位，对准日舰方向，严阵以待。"

果然不出所料，几位日本军官要求登舰"访问"，目的就是寻找证据。接下来一个星期，日舰围绕中方舰队游弋，监视中方舰队。

"所有战斗人员就位，我们每天在甲板上集合，擦拭炮身，搬运炮弹，让日方监视人员，看到我方人员精神抖擞、忙碌不停。"陈世英摆下空城计。

又一个星期过去，日舰退出监视区域。水面平静下来。

中国政府接到日本政府提出的"严正交涉"，"要求中方为此道歉，赔偿日本军民由此遭受的损失，严惩对此事负有责任的人员"。

北京政府此时正忙于军阀内战，不想由此事引发国际战争。很快做出决定，回复日本，"将陈世英撤职处分，永不叙用"。

撤职处分的决定传到海军部。海军总长萨镇冰看着这份必须执行的决定，笑出声来："我们中国需要的，正是这样的铮铮男儿。"拿起笔来，在处分决定的后面，重重写上"坚决执行"，随即喊来秘书。

"给陈世英送去'永不叙用'的处分决定。同时，给陈世英，不，从现在起改名叫陈季良（陈世英，字季良），给陈季良送去升职的决定。升陈季良为海军第一舰队司令兼闽厦海军警备司令、海军上校，不，升为海军少将。命令陈季良以此姓名立即重新注册户口，不得迟疑。新姓名注册不得向外界张扬，不得对外国泄露。哈哈。"

1937 年 7 月 7 日，日军发动卢沟桥事变，两个月后，向中国发起全面进攻。日军蓄谋已久，计划周密，军队长驱直入，平津、太原、石家庄等大中城市，一个接一个被日军拿下。嚣张的日军按作战路线图，迅速扑向上海，目标直指国民政府的都城南京。"只要一举拿下国民政府的首都，打掉中国人抗战的信心，把中国军队打成惊弓之鸟，三个月灭亡中国就不是美梦，更不是神话，只不过囊中取物。"日军高层、日本政府高层步调一致，信心满满。

"日军的目标是迅速攻占南京，我们必须拖住日军，把日军拖在沿海。拖的时间越长，日军的信心就一天天丧失，中国军民低沉的信心就一天天高涨起来。"国民党海军部高级参谋们正在召开作战会议。

"南京的战守，现在最为脆弱的，是水路。日军要从陆路过来，有崇山峻岭，有千山万水，有数以万计的伏兵，手握钢枪，子弹上膛，在那些山地里、河坝中、城墙的后面，等着他们。而日军占领上海后，就可以沿长江而上，日本海军、日本海军陆战队，就可以溯长江而来，从空中，从水路，向南京发起疯狂进攻。""大家看看，我们如何在长江上，给日本海军安上闸门，将脆弱的长江防线，变成埋葬日本海军的坟场。"

方案迅速被制订出来。在长江江阴段，有一段江面，江面狭窄，江底不深。在一个漆黑的夜晚，第一批26艘民用轮船、12艘废旧的海军舰艇从江面缓缓沉了下去。三天后，这处沉船的地方，江水冲开一个豁口，9艘趸船、4艘商船沉到那个豁口的地方。五天后，198只装满石头的木船，全部沉到这些沉船的上面，从上方压实。接着，又有5艘大吨位的舰只，沉到新出现的豁口的地方。

"该死的鬼子，看你们的战舰、你们的运兵船，如何过得这座人工填埋的水下钢铁堤坝？"江阴封锁区总指挥，民国海军常务次长、第一舰队司令陈季良，站在指挥舰上，望着水中若隐若现的水下人工钢铁大坝。"现在，我们的任务是全力保护这座水下人工工程，决不能让鬼子的飞机、舰队轻易接近，一定要尽一切力量，将它们阻挡在外围区域。否则，鬼子的航空炸弹、水中鱼雷，就有可能将我们的血汗付之一炬，就有可能轻松之间，突破我们辛苦筑下的江中防线。"陈季良下达作战命令。

"我们要明白，我们要完成这一次的作战任务，将是多么的艰难。"看着参战将领，陈季良继续说道，"因为我们面对的敌人太强大，而我们必须拖住敌人，拖出时间。只有赢得时间，才有可能让我们的后方战线，做好充足的战斗准备。只有赢得时间，才能打乱敌人三个月灭亡中国的计划部署。""我们这一次面对的敌人，到底有多么的强大？一些数字，大家要了解。日本海军舰队的总吨位，116万吨，我国舰队的总吨位，只有6万吨。事实就是这样，骂娘也来不及。而且，天空中，日本有强大的空军往下拼命扔炸弹。"

"所以，我们军人，到了今天，真正是到了以身报国的时候。面对强敌，我们要有葬身鱼腹的壮志，才有信心去迎接强敌。我们手中的每一颗鱼雷，每一发炮弹，都要日本鬼子付出沉重的代价，都要他们拿命来换。我们决不能退缩，必须迎难而上，才有可能达到在江阴险地拖住日本海军的战斗目标。"

江阴防区在做物资准备、战斗动员的时候，一波恐怖的消息，从上海战场传来。"从 8 月 22 日开战，到 9 月 12 日，20 天的时间，淞沪战场上，中国军队投入 10 个师、1 个独立旅、1 个保安团，伤亡的人数，达 2.6 万。平均每天伤亡 1300 人。"接着，又一波消息传来，"日军大量的运兵船到达上海，日军人数猛增至 20 万。阵地战中，日军手段残忍，惨无人道，向中方阵地施放毒气"。

11 月 12 日这天，日军完全占领上海，日军的下一个目标立即瞄准国民政府的都城南京。

早在 8 月 16 日的时候，日军就派出 3 架全球最先进的水上侦察机，对江阴长江封锁段进行空中侦察。19 日，派出 5 架轰炸机，对长江封锁段进行试探性轰炸。一批炸弹从轰炸机上扔到停在江面的中国海军军舰边上。军舰上的炮手立即发射高射炮进行还击，击落日本战机 1 架。

接下来的时间里，日本战机每隔三天，就发动一次小规模的轰炸。中国海军舰队，用高射炮进行还击。

9 月 22 日，日军启动打通长江水上航路的战役。

上午 8 点，日军派出 36 架日本飞机，飞到江阴长江封锁段的上空，疯狂投下炸弹。中午时分，日军又派出 13 架飞机，轰炸中国海军的战舰，重点是旗舰。傍晚时分，江阴上空，又飞来 9 架日机，对准中国海军战舰的旗舰，疯狂地倾倒炸弹。

"平海"舰上，司令旗高高飘扬。陈季良站在旗舰上，指挥官兵向日机发射高射炮弹，用高射机枪射击抵近飞行的日本飞机。

海军舰队没有空军的掩护，就如裸奔一般，成为日本战机的活靶子。日本战机飞行员、作战人员，可以安静地瞄准，稳稳地射击，完全不用担心来自空中的威胁。

22日这天，双方的激战长达6个小时。"平海""宁海"两舰，发射高射炮660发，高射机枪枪弹5000余发，打落敌机5架。

敌机扔下大量的炸弹，水面上到处炸起浪花，就如江面上突然升起一片高大的树林。中国官兵伤亡60多人，"平海""宁海"两舰被炸伤。

25日，陈季良转移到"逸仙"舰，继续指挥作战。

发现"逸仙"舰上司令旗高高飘扬，16架日机发起进攻，20多枚炸弹向着"逸仙"舰扔过来。

"逸仙"舰舵舱被炸开一个口子，水向里面冒进来。一块弹片炸进陈季良腰部，血咕咕地往外冒。

"旗舰哑火了。"日机飞行员高喊着，降低飞行的高度，向着"逸仙"作低空俯冲，用机枪扫射。

"鬼子欺人太甚。"望着日机上飞行员那狰狞的面孔，陈季良高喊着，拔出手枪，向呼啸而来的日机射击。官兵们纷纷拿起手中的步枪、手枪，有的俯下身子，有的仰面朝天，瞄准低飞盘旋、嚣张作恶的日机，射出枪膛里一颗颗仇恨的子弹。

包扎好伤口，陈季良转移到"定安"舰上。

"请挂起司令旗。"陈季良发出指令。"这样容易暴露目标，敌机将锁定目标，猖獗投弹、扫射。"旁边有人提出建议。

"司令旗在，舰队就在。就能鼓舞将士们的士气，就能蔑视敌人，打击敌人的信心。"陈季良望着远方的天空，缓缓地说道。

整整一个月的时间，陈季良指挥舰队同敌机周旋。"我们现在的任务，就是保持我们的力量存在，使敌海军不敢猖獗沿长江向内陆发起进攻。"

望着江面上漂浮的官兵的遗体，望着被炸毁的舰艇的碎片，陈季良发出命令："在强敌面前，我们一定要坚持，决不可放弃阵地。"

10月23日，中国海军第一舰队所有舰艇全部被日机投下的炸弹炸毁。海军第二舰队、陆军第十五军及时赶到，接替江阴封锁区。

第二舰队、第十五军在江阴封锁区再次拼死守住一个月。直到12月2日，江阴失陷。

从9月到12月，日军在江阴前后花去三个月的时间。"三个月灭亡中国"的美梦彻底破灭。

陈季良的身上炸进多块弹片，被送到重庆万县医院。

抗战胜利的前夕，陈季良腰伤复发，整夜里痛得大汗淋漓。"我去找海军总长陈绍宽，他一向十分赏识你，又是我们福州同乡。他出面，一定能买到几支盘尼西林。那样，就能缓解你的疼痛。"陈季良夫人一手给他端茶，一边低声说道。

"我这身体，就是好了，也上不了前线，杀不了鬼子。盘尼西林用到受伤的年轻军人身上，他们伤好后，还能重返战场，重新杀敌。"陈季良用牙齿咬着毛巾，说出来的话，仍然十分清晰。

陈季良病情越来越严重。"我可能撑不到日本鬼子投降的那一天了。"一天，陈季良拉着妻子的手，小声地说，"我死后，不要把我埋到黄土里去。你找副棺材，把我放在山坡上，我要望着日本鬼子投降。""日本鬼子投降的那一天，一定会到来。你一定要在我的棺材前，摆上鱼肉大餐，替我倒上几杯上好的酒，我就是在棺材里，也要隆重庆祝。"

就在日本投降前几个月，陈季良病死在万县。家里人为他买了一口水泥棺材，安放在一个小山坡上，头朝向东方。

日本宣布投降的这一天，所有人都跑到大街上庆祝。陈季良的夫人，带着丰盛的鱼肉，带着好酒，坐在陈季良的棺材前的一块青石板上，放声痛哭。

海军"昆仑"号运输舰将陈季良的灵柩运回福州。运输舰抵达闽江口时，福州江防司令李世甲携同陈季良的侄子、侄孙乘军舰前往迎接。上岸后，经马尾、中亭街、南街，一路上，机关单位放炮、焚香、祭酒，无数人簇拥，无数人迎接。

文儒坊 19 号是陈季良祖上买的房子，抗战爆发前，陈季良买下老宅旁边的旧房子，进行扩建翻新，建成达 2000 平方米的陈家大院。

这里有圆形拱门、雕梁画栋的中式建筑，有陈季良亲手主持建造的西式小洋楼，在他请匠人建造的六角凉亭"怡亭"里，摆着鲜花，四周挂着大红的灯笼。美丽无比的家乡，一定是陈季良魂牵梦萦的地方。

冰心 · 运作新文体，阐发新思想

一

冰心，在中国读者心头，是照亮 70 年的巨星。

她的手里有一支多彩的笔，将她内心的爱憎、忧患、鞭挞，将她脚下的泥泞、荆棘，将她风雨中的摸索、跋涉，将她寻找真理与追求光明的道路，在洁白的纸上，在蓝蓝的天空，在漆黑的夜晚，或低头，或凝视，或仰望，一节一节、一章一章描绘出来。牵动着无数读者的心，吸引无数同龄人的眼球，一起哀伤，一起哭泣，一起欢笑。

在《我的故乡》里，开篇说道："福州在我的心里，永远是我的故乡，因为它是我的父母之乡。"

10 月 5 日，冰心生于福州城内的隆普营。"假如我的祖父是一棵大树，他的第二代就是树枝，我们就是枝上的密叶；叶落归根，我们的根，深深扎在福建故乡的泥土里。"（《我的故乡》）

冰心的曾祖父，横岭乡的一个农民，学了一手裁缝好手艺，来到福州城里打工。年终岁末，曾祖父向东家讨要一年的工钱。东家欺他不识字，把用工合同，故意写成实习生合同。东家睁着一双吃惊的大眼睛，高声说道："合同里白纸黑字写着，一年的实习期里，我管你吃喝住。"

曾祖母在家里等米下锅，得到"一分工钱没有拿到"的消息，拿来一根又粗又黑的棕绳，上吊了。

一位邻居从房前经过，发现房梁上吊着一个人，立即冲进去，解下绳索将她救下。夫妻俩跪在地上，对天起誓："若天赐子，砸锅卖铁，也要让他读书识字！"

这个家庭从此改变方向，冰心的祖父、伯父走进了学堂，读书识字。长大后，两人都当上了私塾的老师。

冰心的父亲谢葆璋，17岁那年，恰逢严复来到福州，亲自招收海军学生。谢葆璋前去投考。严复在谢葆璋面前，摆出一道诗题、一道八股题。

严复发现，一诗一文，谢葆璋都做得十分完满。严复十分高兴，指派他到天津紫竹林水师学堂，当了一名航海驾驶专业的学生。谢葆璋从此踏上海军职业生涯。

1903年，谢葆璋接到上级命令，带着全家，来到山东烟台，创办海军军官学校。

"那时我们住在海军采办厅，厅里有一副长联：此地有崇山峻岭茂林修竹，斯人读三坟五典八索九丘。"冰心在回忆录里写道。

冰心每天上午缠在父亲的身边，说这说那。谢葆璋忙着批阅文件，接待来访的人员。一天，谢葆璋突然想出一个主意，停下笔来，指着墙上的对联说道："娃娃来学着认字，你看啊，那对子上的山、竹、三、五、八、九这几个字，我娃不出三天，一定能认全。"

冰心接过父亲递来的一支笔、一张纸，坐在父亲办公桌前的木头椅子上，有模有样，一边细细认，一边慢慢画（还不是写字，只是照着样子画下来）。

"不久，对联上的二十二个字，我全都会念会写了。"（《自述》）

后来，冰心全家搬到烟台海军医院寄住。从医院二楼的走廊上，往东望去，大海的一角，那浩渺无边的蔚蓝海面，随时展现在眼前。

"我常常心里想着它，嘴里谈着它，笔下写着它；尤其是三年前的十几年里，当我忧从中来，无可告语的时候，我一想到大海，我的心胸就开阔了起来，宁静了下去。"（《我的童年》）

"刚懂事的时候，眼前是青郁的山，无边的海，蓝衣的水兵，灰白的军舰。我终日在海隅山陬奔游，和水兵们做朋友。山风、海涛、嘹亮的军号，一天天，一夜夜，就这样浸润在我的脑海里。"（《自述》。为便于阅读，略有改动）

母亲教冰心读"字片"，舅舅教冰心念课本。一个学生，两个兼职教师。不久，冰心发现，识字读书枯燥无味，附近的小山包和眼前的大海，却有着无限的诱惑力。

看着孩子整天往山上跑，往海边跑，母亲十分生气，把冰心关在房子里，不让她出房门。看到孩子一门心思在山上野，在海边逛，谢葆璋拿来一条马鞭，高高地举着，用鞭子柄使劲敲着桌子，发出嘣嘣的响声。

"只要摆脱父母的眼线，我就跑出去，把我的双脚交给山，把我的眼睛还给海。"（《自述》）

后来，冰心全家搬到海军训练营。遇到刮风下雨的天气，冰心不敢出门，待在家里，不久发现一个非常有趣的玩法，缠着母亲讲故事。"《蛇郎》《老虎姨》《梁山伯与祝英台》《牛郎织女》，跑到我的耳朵里来。"（《自述》）

冰心最为惬意的时光是晚饭之后。那时杨子敬（冰心舅舅）下班，吃过晚饭，来到妹妹家里，点上一根烟，沏上一杯茶，开始给冰心讲《三国志》。每次听得入了迷，到了深夜，还是舍不得睡觉。母亲给她脱鞋解衣时，她哭着上床。一边抹着眼泪，一边被大人扔进被窝。

长大了一些，冰心进了一家私塾读书。谢葆璋从军营里下班回来，有时教冰心骑马、划船，有时教她学瞄准，学开枪射击。夏日的夜晚，一家人坐在院子里一棵高大的樟树下乘凉，谢葆璋常常指着天空，"那是七斗星"，"那是牛郎织女星"，"那是猪八戒的长柄钉耙"。

"那时，我的眼光就从天空中的一个地方移到另一个地方，脑子里构想着遥远的星星王国里，古老传说中的神奇故事、传奇人物。"（《自述》）

逢年过节，父亲谢葆璋喜欢带孩子们到天后宫，观看海军军人演戏。春天的时候，谢葆璋喜欢带孩子们到玉皇顶，观看那里布满山谷的白色梨花，欣赏中间间杂着的鲜艳的桃花，有时跟着孩子们爬上山边的土坝，看那里花朵硕大的红绸般的杜鹃花。

秋天到来时，父亲带冰心到张裕酿酒公司的葡萄园，一起动手采摘葡萄。"我那时最喜欢的，是跟着父亲，跑到刚刚进港的军舰上，去看父亲远航归来的朋友。"（《我的童年》）

每次到船上，水兵们呼喊着，把冰心抱到圆桌上，"我们的故事大王来了"。"今天讲《三国志》里漂亮的关羽关云长吧。"

故事讲完，一大包书送到冰心的脚边，大半是商务印书馆出版的林纾（林琴南）翻译的小说，《块肉余生述》《滑稽外史》。"看到这些有趣的书名，我的小嘴已经笑得合不拢。"

从船上下来，矮矮的冰心欢天喜地在前面跑着，高个子的白衣水兵抱着一包小说，头上滴着汗珠，笑着说着，在后面紧紧跟着。

八岁时，冰心看的书多起来。老师要学生们写短文，写得好时，在文章的后面老师常常写上批语，"赏小洋一角"。

为了挣钱买小说看，冰心努力写作文。小说看得更勤快，阅读量越来越大。海边也不去，脸也不洗，头也不梳，下了课，捧着一本书，冰心就在屋里找个角落蜷缩着，眼睛、耳朵全都埋进书里。看到动心的情节，冰心常常一个人傻傻地笑，傻傻地抹眼泪。

"出去玩会儿，这样下去，把你看成书呆子。"耳朵里听到母亲说过了两遍，冰心的耳朵就像没有听到一样。有一次，母亲急了，伸手把冰心手里的《聊斋志异》夺过去，狠狠地撕成两半。

"我冲过去，从地上拾起半段《聊斋》，急急地看下去。母亲被我逗笑了。"(《自述》)

"站在楼上，斜靠阳台的木凳上，大海的一角跑进我的视线。风雨之夜，倚栏凝望，海上的灯塔发出闪烁的光，那里神秘而又温暖，那里点燃我儿时无限的欢乐。"(《自述》)

冰心舅舅杨子敬是讲故事的高手。每每下班，杨子敬就到冰心家里来，有声有色，绘声绘色，讲吊死鬼之类的鬼怪故事。讲到洪承畴卖国，讲到林则徐烧鸦片，时而感情慷慨，时而酣畅淋漓。"耳朵里听着故事，头脑里兴奋了，晚上睡在被窝里，滚来滚去。夜已经很深很深，头脑里还是故事里的人物鲜活地蹦跳着，无论如何睡不着。"(《自述》)

海军大臣载洵来到烟台，亲自视察海军学校。一边走一边看一边想：这里的确是一个培养海军人才的地方，为什么没有看到我们满族的学生呢？回到北京，载洵立即做出决定，"安排二十名满族子弟，到海军学校培训深造"。

第二年，春四月，学校举办运动会。一群满族学生与一群汉族学生，突然动手打群架。

载洵派督查组来学校调查打架事件。督查组不久得出结论，海军学校的学生中，有一部分人是同盟会员，这群人有着强烈的反满情绪。学校图书馆里，订阅的报刊中，有《民呼日报》，此为同盟会的宣传刊物。

督查组做出决定，"谢葆璋是乱党，撤职查办"。

下午得到这个消息，晚上听了两位好朋友的劝告，第二天清早，谢葆璋做出决定，"这里已经处于风口浪尖，危险万分。赶紧辞职，以最快的速度，远远离开这块是非之地。返回故乡福州，另寻发展机会"。

一家人刚刚到达上海，突然得到消息，"辛亥革命爆发"。

谢葆璋跑到上海的大街上买回几份报纸。看着报上的文章，看到同班同学黎元洪将军从湖北签发的电报，十分高兴。冰心翻着摆在桌上的报纸，看到电报末尾"黎元洪血叩"五个字，"心中突然激起一股激昂、悲壮的革命之情"。（《自述》）

冰心跑到街边，看到一些人在捐款劳军。回到家里，拿出过年时积攒的十块压岁钱，再次回到街上。此时已是傍晚时分，负责接受捐款的人已经下班回家。冰心发现，街边就是《申报》报馆，立即跑进报馆里。一位报馆负责接待的中年人，收下这笔捐款，写了一张收条。"至今我还珍藏着，上面有我的名字——幼女谢婉莹君"。

过年的时候，冰心全家人回到阔别已久的故乡福州。冰心同祖父住在一起。祖父是教书的先生，前房和后房，满屋的书架，上面整整齐齐摆着线装书。这两间房子，立即变成冰心的乐园。"清袁枚的笔记小说《子不语》，法国名著《茶花女》（译者是祖父的老友林琴南），立即把我拖了进去。"（《自述》）

正是在这两间书屋，从"林译小说"着手，冰心开始阅读以前从未接触过的西方文学作品。

1912年，冰心考取福州女子师范学校预科。学校坐落在城内的花巷，冰心生平第一次一个人离开家，第一次过起学校生活。"头几天非常想家，几个早晨醒来，发现枕头都是湿的。这才发现，我在梦中流下许多眼泪。"（《自述》）

在女师，冰心读完三个学期。一天晚饭后，谢葆璋在饭桌边上说："我接到海军部长黄钟瑛发来的电报，去北京就任新的职位。大家这几天一起收拾行装。"

1913年，冰心全家随父亲北上，迁到北京。

整整一年的时间，冰心在北京没有上学。母亲订阅的《妇女杂志》《小说月报》按期送上门来，这成了冰心新的教材。从杂志"文苑栏"里，冰心读到一种以前从未看到的新文体"词"。"我着迷一般，迷恋上读词，还试着自己填词。"（《自述》）

几本杂志远远满足不了冰心贪婪的胃口，不久，冰心想出一种新的"自学模式"，自编教材。将看过的新旧译著，摆到一起，有两百部小说，将它们全都摊开来，将 A 故事里的人物形象，放到 B 故事里来，重新布局，重新组合，自成片段地演绎。既不完全跟着书中的情节走，也不是完全自己杜撰。就这样聚精凝神地编故事，攒人物，差来错去地自编自导自写。"啼笑之间，我信口开河地向放学归来的弟弟，讲过三百多段有根有据的奇葩故事。"(《自传》)

1914 年秋天，冰心进入北京一所教会学校，贝满女中。在学校，一边积累英文知识，一边受着基督教的熏陶。爱的哲学、爱的世界观，从教义里，像溪涧一样，向冰心的心间汇集。爱的力量，爱的崇拜，爱的色彩，像聚光灯一样，猛烈地照射到贯穿冰心一生的文学创作的道路上。

二

1919 年，中国河山经历暴风骤雨的猛烈洗刷。五四运动的惊雷，以摧枯拉朽之势，震动旧的世界，把冰心"震"上文学创作的道路。

1918 年秋，冰心考入协和女子大学理预科。

接到大学预科录取通知书，看着里面"录取"的字样，母亲说："祖辈们讲，女孩子的手指头，当不了门闩。现在你有机会去上学，跟男孩子一样去上学。你一定要争气，念到知识有了文化学到本领，将来就能找到工作，就能经济独立。跟男孩子手指头一样，你的手指头，也能当门闩使。"

父亲就坐在边上，看着冰心，望了望窗户的外面，缓缓说："医生是个很好的职业。娃子学医，应该是个不错的选择。将来当个医生，治病救人，也会有很好的收入。"

"女医生极少，我们女人也生病，男医生有些地方不方便，这个社会也的确需要女医生。"母亲一边说,一边看着冰心。

突然之间,冰心想到母亲生病时西医来家看病的情况,带着听诊器、血压计、体温表,一样一样地从医箱里拿出来,那时觉得非常神奇。冰心高兴地说:"我要学医,学好医术,好为妈妈看病。"一家人都笑了。

"外国人称中国为'东亚病夫'。中国的确需要良医,你就学医吧!"父亲肯定地说道。

冰心立下志愿,学成医术。对于学校开设的生物、化学、物理、数学,冰心学起来非常用功,真正做到埋头苦读。对窗外的一切变化,不闻不问。

不久,协和女子大学并入燕京大学,称燕大女校。

五四运动那天,冰心在德国医院,陪着住院养病的二弟。第二天,女校学生会派两个同学来喊她。

冰心回到学校,担当学生会的文书。接着,被北京女学界联合会选入宣传股,成为其中的一员。

大姐姐们在大街上宣传,冰心跑到街上站在旁边听。一边听,一边做记录。晚上,立即动笔,以听来的资料为蓝本,写出一篇篇反帝反封建的文章。

形势迅速发展,不只是学生在街头游行、演讲,市民群众也起来了,在大街上游行示威。更多的学生自行组织起来,在街头发表演说,火烧赵家楼……看着眼前的人群,冰心的心里奔腾澎湃着一股革命激情。

随着五四运动的深入,在文化界,掀起一场革新运动。青年冰心模模糊糊意识到,自己所处的社会居然有着种种社会问题。"鲜血

眼泪、凌辱呻吟、压迫呼喊，这些从未有过的社会感触，跑到我的胸腔里来。"(《自传》)

寂静的夜里，听到街边"卖萝卜咧"凄清悠远的喊声，清晨上学，听到菜市场里传来算命先生敲震心弦的锣声，冰心的心里，开始为这些底层人的命运，生出许多感喟来。

看着自己的文章在联合会会刊发表，冰心猛然想到一个人，表兄刘放园，此时他正在《晨报副刊》当编辑。

刘放园看了冰心在联合会会刊上发表的几篇文章，随后将新出的杂志《新青年》《新潮》《改造》一期一期寄给冰心。"你能写。你花点时间来熟悉这些杂志里不同版面文章的特定风格。这些风格，是编辑根据读者的口味而定制的。调整一下你的文风，适合刊物的特定风格，你的文章，就有可能发表出来。"

从表兄寄来的杂志里的文章中，冰心有一个重大的发现。杜威和罗素，托尔斯泰和泰戈尔，这些作家、文学家，不只是单纯写小说，在小说里，他们注进了他们的哲学思想、社会改造的新观念。

经过一番酝酿，冰心开始动手写《两个家庭》。"我用'冰心'做笔名，然后，小心翼翼寄给放园表兄。"(《自传》)

稿子寄出去了。等了一些时候，没有音讯。冰心连问的勇气都没有。突然有一天，收到表兄寄来的杂志，冰心这才发现，自己的小说居然发表了。在冰心的后面，编辑还加上女士两个字。冰心非常高兴，动用压岁钱，买了一个葱油饼奖赏自己，在大街上旁若无人，大口大口地享受起来。那天下午的那个葱油饼，油亮亮的，葱花的香味真浓。

表兄放园毫不放松，一个劲地鼓励冰心继续写下去。

冰心的劲头也来了，《斯人独憔悴》《秋雨秋风愁煞人》……几乎每期杂志，都有她的作品。

放学了，书本丢到一边。海边快乐的山林，狂风中澎湃的大海，战舰上荷枪的兵士，一个接一个鲜活地跑进冰心的大脑里来，跑到冰心的笔尖上来。

冰心把信手拈来的人物，注入自己的一知半解、肤浅零碎的哲理，《鱼儿》《一个不重要的兵丁》《无限之生的界线》……一部接一部小说，一篇接一篇文章，在杂志上发表出来。

冰心的心中激荡着一个感觉，文艺是放牧的仙子，自己是她膝前温善的羔羊，恬静俯伏在仙子面前的青草里。冰心有一个比喻，文艺是射猎的女神，自己是一头勇猛的狮子，逾山越岭，寻觅食物之时，受到女神当胸一箭，倏然之间，奔坠于万丈悬崖，不能脱身。

理科功课一天天落后。对于学业前途，冰心的心中突然有了焦虑。身边的朋友纷纷劝她弃理学文。

1921 年理预科两年毕业。冰心决定改变航道，进入文本科。成功跳了一级。莫非我要到文学这条路狂奔？冰心心中暗暗思忖。

三

北京的冬夜实在寒冷。1919 年那个漫长的冬季的夜晚，冰心和大弟弟冰仲围着火炉，静静看泰戈尔的《迷途之鸟》。

"姐姐，你不是经常说，某个思想，有时是零碎跑出来的，难以写成长篇文章吗？你看泰戈尔，他的这个玩法，真的不错。我看，你也可以照葫芦画瓢，如此这般，将你的那些个思想杂碎，一点一滴收集起来。"冰仲指着《迷途之鸟》，长脸映着红红的炭火，兴奋地说道。

"有理啊，我也来弄个小本子。"

1920 年，夏日的一个夜晚，一家人坐在后院里的大樟树下乘凉。星月满天，冰心指着天上的星星，跟小弟弟讲梭子星与织女星。二弟冰叔突然从椅子里站了起来，跑进里屋，从书堆里，翻出冰心那个记了一大半的小本子。他看了看，在留空的首页，缓缓写下"繁星"两个字。

此前，冰心交给弟弟们一个小小的任务，把这些个"思想碎片"起一个好听的书名。想必是看了满天星斗，冰叔灵光乍现。

1921 年一个秋日的下午，一家人在后院里剥落花生。小弟弟冰季说："姊姊！你这些思想碎片，小小故事，都记了满满两个本子。可以在纸上变成印刷字吗?"冰心翻了翻，写下煞尾的一段，决心将它们发表出来。

《繁星》《春水》1923 年分别在商务印书馆、北新书局出版发行。后来多次再版。

这两部以"诗"的形式出版的集子，连冰心自己也没有想到，成为中国新诗奠基工程中一块巨大的功垂青史的耐火砖。

《繁星》和《春水》，歌吟自然，歌唱母爱，赞美人类之爱，大张旗鼓地把诗歌引向"爱的河流"。小诗晶莹清丽，脱除旧诗严肃的格律音韵的外套，在那个时代的读者面前，从内容到形式，令人耳目一新。冰心以哲学家的慧眼观察生活，短小的诗行里注入哲理的光辉，开创中国诗的新时代。

当时的读者，从来没有看到过如此趣味盎然而又发人深省的抒情小诗；当时的中国读者，就如突然之间，走进一个发着闪闪光辉的宝石峡谷，在那里，萦绕着一层淡淡的愁雾。

在荒凉寂寞的沙漠，冰心凭着她女性特有的敏锐感觉，随意寻找，便发现一块绿洲。长着蓊然如云的树木，流淌着晶莹澄澈的泉水，美丽的鸟儿在云中鸣叫，驯良的小兽在茂草间出没……从从容容间，冰心在她睡觉之前吃饭之后做完作业之际，垒成一个诗的王国——当时习惯于严谨的格律诗与词的中国人从未涉足过的自由体新诗的国度。（苏雪林《二三十年代作家与作品》）

围绕着新诗不拘一格的自由体裁，围绕着新诗开辟新的"爱河"的新领域，围绕着新诗折射出来的哲理光辉，无数模仿者在这三个方面跟踪而至，大量的新人努力拼搏，众多的粉丝奋力超越。中国一个新的诗歌时代的大门，被冰心吱吱着扭动门闩，缓缓开启。

四

1922 年夏，冰心本科毕业，获得学士学位、金钥匙奖。8 月，与吴文藻、许地山同船赴美国留学，进威尔斯利大学学习（燕京大学的姊妹学校，位于马萨诸塞州波士顿城）。

有一天，冰心突然发现，有一种全新的写作体裁——通讯。用通讯来进行文学创作，准确地说，通讯文学体（为方便读者，下文有时简称通讯），与小说相比，情感更容易落到实处，叙事也更自由。

一天，在试着写通讯时，冰心发现，与有头有尾的小说相比，用通讯体可以写出许多零零碎碎、无比有趣的事儿。

对着这份偶然的发现，冰心激动不已。她感觉自己突然之间触摸到另一个世界，一个别人没有涉足的全新世界。该如何叩开这个新世界的大门？冰心急急地想着。

冷静下来，冰心有一个强烈的感觉。自己现在发现的，只是一种文学创作的新形式。这种通讯文学体，更加适合于哪个领域？

对于成人读者来说，小说，是完美的写作体裁。成人喜欢看故事完整、情节曲折、跌宕起伏、人物鲜明、富含哲理、针砭时弊的小说。而通讯文学这种体裁，适合于那种感性的、情感的领域，适合于情节简单但却让人心动的领域，适合于事情零碎却又情感强烈的领域。

继续往里想，冰心发现，通讯文学体，与散文之间，有很大的不同。散文里，故事情节极略，难以产生强烈的吸引力。而通讯文学却能用人与事来构建情节，构建冲突，产生强大吸引力。

通讯文学体，虽然叙述的事情零碎，却能刻画出富含情感的人物形象。

想到这里，冰心突然有一个发现，这种体裁，非常适合于一种新的领域——儿童读者领域。全中国有那么多的儿童，他们不也应该有自己的文学天地吗？与大人比，他们甚至有更强烈的喜怒哀乐。将通讯文学作品对准儿童读者群体，那里一定是一座庞大的金矿，现时还没有任何人去开挖。冰心做出决定，自己来做第一个吃螃蟹的人。

"儿童是国家的未来，能让儿童心理健康、快乐无比地成长，将是我无限的快乐。"望着窗外的蓝天，冰心身上的每一个细胞，都洋溢着快乐的激素。

1923 年 7 月的一天，冰心开始用这种新的体裁写《寄小读者》。

24 日这天，天气晴朗，北京《晨报副刊》主编接受冰心的建议，开辟"儿童世界"专栏。7 月 25 日的副刊上，发表冰心的首篇通讯文学体作品《寄小读者》。

"从前的我，跟你们一样，是一个小孩。现在的我，在内心紧紧守住这份天真。我做你们最热情、最忠实的朋友。"

此后三年的时间里，用通讯文学体裁，冰心陆续发表 29 封《寄小读者》的信。

用通讯文学这根文学竹竿，冰心捅开一扇新的窗户。在中国文学大家庭里，以前还没有儿童文学这块天地。现在，儿童文学，这根嫩笋，冰心用通讯这层笋衣包裹着，双手捧到中国广大读者的眼前。

来看看当代的读者，阅读《寄小读者》的感受。

从桌上拿起冰心写的《寄小读者》，翻开书，读起其中的通讯五。读着读着，我的眼睛湿润了，一种莫名的感动涌上心头。是呀，有谁能扯断这浓厚的母子情？母亲给了我们生命，又把我们养育大，给予我们爱，这种爱是永恒不变的，是温和的，是细碎的。然而正是这种爱，时刻围绕着我们，即便我们并不珍惜，有时甚至感到厌烦。

在寒假里，我读了《寄小读者》。

冰心把从小到大的生活，用写信的格式展示给我们看。这本书记录冰心一生中发生的种种事情，如走在意大利的罗马、意大利西海岸的那坡里城、冰心那慈祥的母亲去世，等等。

就是这么零星琐碎的事情，让我明白一些人生的哲理。我亲爱的祖国，在短短几十年的时间发生翻天覆地的巨大变化。

就是这么零星琐碎的事情，让我明白许多道理。我将勇敢面对每一个困难；我的心中，要有一个远大的目标；日常生活中，脚踏实地一步一步向前走。

我要做一个对祖国有用的人。有人说，"用一块块小砖垒起一座城池"，看了冰心的书，我更加相信，今后的我，一定是一块结实的实心砖，决不会是一块豆腐渣。

今天我们来看这些读者的感受，不能不佩服冰心，她手中那支细细的笔杆，发出巨大的能量。让沉沦的人奋起，让浮华的人沉实，让悲观的人对未来充满信心。

"我的这部书，速记三年来我在国外的经历，有幼稚的欢乐，有天真的眼泪。""母亲，你是大海，我只是刹那间溅跃的浪花。"1926年7月，冰心发表最后一篇《寄小读者》，结束长达三年的连载。最后，结集出版。

在《冰心著作集·后记》里，巴金写道："从她的作品里，我感受到温暖和安慰，学会了爱星空、爱大海。从亲切而美丽的语句里，重温我永久失去的母爱。"

1926年7月，冰心获得威尔斯利大学硕士学位，回国后在燕京大学文学系任教。1929年6月，与吴文藻（著名社会学家）结婚。

五

1919年五四运动至抗战前夕，冰心发表成名作《斯人独憔悴》，代表作《超人》和《分》。发表小说、散文、游记、诗集三十多部，如《往事》《南归》《去国》《冬儿姑娘》《平绥沿线旅行记》《先知》等。

真正表现创作天才的，是冰心的小说。

五四运动中，反对帝国主义、封建主义澎湃的热潮猛烈地推动着冰心手里的笔，满怀着对社会现实热点、社会痛点深入研讨的热情，冰心高速开动思想机器，创作出一部接一部"问题小说"。

《两个家庭》。旧家庭里，妻子没有地位。夫妻之间，不是相敬如宾，不是举案齐眉。夫妻关系好的时候，犹如主人爱宠物；夫妻关系差的时候，那就是奴隶主鞭打奴隶。用铁一样的拳头，砸碎这千百年来织成的固有夫妻关系网，是那个时代，无论男人或女人，必须面对的天大的难题。

《斯人独憔悴》。旧家庭里，父与子的关系，往往是儿子屈服在封建家长的淫威之下。那个时候，青年人纷纷拿起铁锤，照着这根旧的、顽固的银链条使劲砸下去，却发现，无论爷爷奶奶、叔叔伯伯、七大姑八大姨，全都拿着一种异样的眼光看着那个拿铁锤的儿子。软弱的儿子没有挣扎得鱼死网破，只好独自憔悴。

《超人》。那个新旧转换的特殊时代，人生的快乐究竟是什么？是喜爱旧体制打造的旧关系（父子关系、夫妻关系），享受旧关系带来的"快乐""幸福"，还是憎恨旧体制造成的痛苦？有没有时代超人来作出回答？来指点迷津，让那个时代的人们走出沉落，走出迷茫。

《悟》。冰心到了美国，在美国写完这本小说，在国内发表。站在美国的体制下，站在美国的地面，冰心终于悟出解决那个时代旧中国的人们打破旧关系旧体制的方案，悟出缓解那个时代人们痛苦的良药。下面我们一起来看一看"冰心版"解决方案。

"地狱如何生成，星辰如何运转，霜露如何凝结，植物如何开花，如何结果……这一切，只为着爱！""茫茫大地上，岂止人类有母亲？凡一切有知有情，无不有母亲。有了母亲，世上便随处种下爱的种子。于是溪泉欣欣地流着，小鸟欣欣地唱着，杂花欣欣地开着，野草欣欣地青着，走兽欣欣地奔跃着，人类欣欣地生活着。万物的母亲彼此互爱着，万物的子女，彼此互爱着。同情互助之中，这载着众生的古地，便不住地纤徐前进。懿哉！宇宙间的爱力，从此千变万化，流转运行。"

冰心高举母爱的大旗。就如一位伟大的母亲一样，既爱富有的儿子，也爱贫穷的儿子；既爱温顺听话的儿子，也爱调皮捣蛋的儿子。

有了母爱，人间的隔膜与罪恶，就一天天消失无踪。母爱是人类的灵魂，母亲的爱是漫长的冬季过后那温暖人间的春光。

在《现代中国女作家》一书中，阿英评论冰心："她感受到伟大的'宇宙的爱'的巨大力量。她对于社会，对于人间，都用'宇宙的爱''母性的爱'的巨大能量去征服。""冰心用她的笔点亮'爱的哲学'的灯塔，照亮那个灰暗的世界，给大地以光明。"

历史的车轮推到1931年，九一八事变发生，日军的铁甲车在沈阳的大街上横冲直撞，苦难降临中国大地。日军的炮声、机枪声，中国军民的呻吟声，让冰心从爱的梦想中，一下子惊醒过来。在日军呼啸的枪弹面前，还有超越残暴的日军与中华民族的爱吗？民族矛盾如此强大，宇宙的爱，伟大的母爱，也只能躲在角落里瑟瑟发抖。

就在这一年，冰心日夜思考，挥笔写出小说《分》。

一位是教授的儿子，一位是屠户的儿子。他们同一时间来到这个人世间。在医院睡同样的铁床，穿同样的棉衣。

离开医院后，两个人走进完全不同的世界，分别属于两个不同的社会阶层。

两人长成青年，有一天，在大街上相遇。"我父亲很穷，是个屠户，宰猪的。你知道宰猪有多痛快吗？白刀子进去，红刀子出来。将来我不但宰猪，还要宰杀那些猪一般只吃粮食不做事的人！"

"你呢，教授的儿子，花房里的一盆小花，风雨不侵，在恒温室里，娇嫩地开放。我呢，路边的小草。路人在上面践踏，狂风暴雨恣意侵扰，我必须忍受。你从玻璃窗里，远远地望着我，心中也许会生出几分可怜。然而，在我的头上，有无限阔大的天空；在我的四周，有呼吸不尽的空气。黑暗的夜里，有蟋蟀在为我唱歌，晴朗的白天，有自由的蝴蝶绕着我的周身飞翔。我有无数的同伴，他们身份卑微，心地勇敢，烧不尽也割不完。在人们脚下，青青的野草缀遍世界。"

在多数人眼睛朝上崇拜权力、金钱的时代，在绝大多数人认定实业救国、军力救国的时代，冰心用她的眼光，看到另一个地方——生活在社会最底层的民众——认定那里的力量，才真正是国家的未来。

冰心讴歌底层的民众，歌唱不起眼的野草。那时的冰心，敏锐地感觉到，歌唱民众、唤醒民众、动员民众、组织民众，国家就一定有美好的未来。

六

1936 年的一天，吴文藻教授下班回家，对着妻子冰心，兴奋地说："我获得'罗氏基金会'游学教授奖金，受到邀请，前往欧美访问。我们一起去欧美，去做游学交流。"

冰心十分高兴："正好我想去欧洲美国，看看这些年世界最先进地区的发展状况，验证我头脑里那些想法。"

从大学校园到街头民众，从政府机关到企业厂矿，从上流社会到底层民众，从欧洲到美国，冰心睁大眼睛，细细地看过去，满眼看到的是人们对财富的奢侈挥霍，对金银无穷的占有，对资源的践踏浪费。从政界到文化界，她没有看到有人去关心底层民众，没有看到有人去歌唱底层民众。

先进的西方国家，富有的美国，不是依靠民众的力量，而是通过资本家对打工阶层的压榨，通过先进的武器到海外武装掠夺、殖民掠夺走入富庶的道路。看着眼前的景象，冰心感到困惑、迷茫、失望。

带着失落的情绪回到祖国，恰遇卢沟桥事变，日本向中国发起全面进攻。冰心全家毫无准备，立即走上战争难民的流亡之路。

1938 年 9 月，全家迁到昆明。1940 年底冰心到重庆，主编《妇女文化》半月刊。冰心将关注的眼光，移到中国女人身上。以"男士"为笔名，发表 16 篇关于女人的文章。

与男人比，女人感觉更锐敏，反应更迅速，表现更活跃。与男人比，女人多些颜色，多些声音。与男人比，女人更温柔、更活泼、更细腻，也更尖刻。

世上若没有女人，便要失去十分之五的真、十分之六的善、十分之七的美。

对女人的深入研究，是不是她在对"母爱"做进一步注释？

在重庆，冰心有一个强烈的感觉，中国希望是有的。抗战的中国工农大众，中国共产党对全民族抗战的领导，就是希望所在。

吴文藻教授任中国驻日代表团政治组组长。1946 年冬，冰心全家去日本。

1949 年，应日本著名文学家仓石武四郎（东京大学中国新文学系主任，冰心著作日文译者）邀请，冰心进入东京大学，教授中国文学课程，成为该校女性教授第一人。

1951 年，通过多方努力，冰心一家回到祖国。

七

1952 年的一天，在中南海，周恩来设宴招待冰心和吴文藻教授。"欢迎你们全家回国，参加祖国建设。"

1953 年，经丁玲和老舍介绍，冰心加入中国作家协会。

"祖国是大树，儿童是幼芽"，冰心将精力投入到领导北京儿童文学创作上，着力培养儿童文学作家。

1957 年反右斗争，一批人袭击吴文藻教授。周恩来总理派邓颖超把冰心接到家里，安慰冰心，关怀冰心，鼓励冰心。

1958 年，冰心接受严文井、张天翼的提议，决定用通讯文学体再写《寄小读者》。同时，写作出版散文集《小桔灯》。

1966 年，"文化大革命"。冰心被抄家、批斗、劳改。1970 年，冰心和吴文藻，到湖北沙洋五七干校劳动，每天早起种麦子、点豆子，下午看青、摘棉花，晚上写检查。整整搁笔十年。

1972 年秋，周总理看望冰心，安慰她，鼓励她。

1978 年，冰心当选为第五届全国政协常务委员；1979 年，担任中国文联副主席、中国作家协会书记处书记等重要职务。

此后，冰心 13 次出国，出席亚非作家会议等重要会议，为国际间文化交流做出贡献。

人民文学出版社出版冰心大量新的作品，《归来以后》《我们把春天吵醒了》《樱花赞》……

冰心的大量作品被介绍到国外，译为英、法、日、俄等多种文本，赢得很高的国际声誉。

冰心翻译出版泰戈尔大量的著作，《园丁集》《泰戈尔选集·诗集》……合译《世界史》《世界史纲》。

"四人帮"覆灭后，冰心发表《三寄小读者》。

三部《寄小读者》反映冰心所处三个不同的时代，文字同样清丽可爱，书里表达出来的思想、感情、色彩发生重大改变。

冰心的《小桔灯》《空巢》等多部作品获得多种荣誉。

20世纪80年代开始，冰心作品《晚晴集》《冰心论创作》《冰心散文选》《冰心选集》《冰心文集》陆续出版。

"我的生命的道路，如同一道小溪，从浅浅的山谷中，缓缓地、曲折地流入'不择细流'的大海。它有时经过荒芜的平野，有时经过青绿的丘陵，于是这流水的声音，有时凝涩，有时通畅，但它还是不停地流着。"

1987年开始，冰心新的作品《万般皆上品》《远来的和尚》《落价》《干涉》相继出版。

冰心，时代的诗人、小说家、散文家、翻译家，中国新文学的第一代开拓者，新文学先驱者，七十多年的文学创作中，发表大量光彩夺目的作品，为祖国和人民增添了宝贵的精神财富。

林徽因

为设计而生，为爱情而歌

林孝恂，光绪十五年（1889 年）进士，授翰林院编修。历任浙江海宁、金华知县。与一般的朝廷官员比，林孝恂不仅自己曾留学日本，而且积极支持孩子们接受新式教育，支持孩子们去海外留学。在清朝知识分子中，属于开放、进步的人士。但如果与他的孙女林徽因比，名气就小得不止一个级别。

儿子林长民，30 岁赴日本留学。辛亥革命爆发后，积极宣传革命，代表福建省参加临时参议院，被推为秘书长。

1918 年，总统徐世昌任命林长民担任外交委员会事务长，参与巴黎和会。不满当局在外交上的软弱，林长民在《晨报》发表《外交警报，敬告国民》，成为点燃 1919 年五四运动的导火索。

与女儿林徽因相比，父亲的这点名气，都不叫名气。

1920 年，父亲林长民赴欧洲出席国联会议。16 岁的林徽因随父亲同游欧洲，考入英国伦敦圣玛利亚女子学院。

走进女房东的书房，整整两面墙壁，挂满女房东手绘的建筑外墙效果图。缤纷的色彩，富有个性的创意设计，精巧的构思，一下子吸引了林徽因的眼睛。"建筑学是一门结合力学、美学的科学，"看到林徽因入迷的样子，女房东轻声说道，"既要有时尚元素，又要有文化传承。""就像我们女人，既要有外在的时尚的美，还要有内在的文化修养。既要运用材料、物理知识，还要运用文化、历史知识。"听着女房东的话，林徽因仿佛踏进一个新奇的世界。

"既有科学，又有文化，既有现代的美，又有历史的基因，建筑学，我也要学。"端起女房东摆在桌子上的咖啡，林徽因一边说着，一边缓缓坐下来。

受到女房东的影响，林徽因立下攻读建筑学的志向。

周末，爸爸也不休息，早早就出门拜访政要。站在落地窗前，望着院子里斜斜的细雨，玩弄着领子上的钩花花边，林徽因感到有些无聊。

"当、当、当"，门铃响了。林徽因走过去，打开门，新近结识的朋友徐志摩走了进来。

"刚到你家楼下，就闻到一股子炸牛腰子、炒培根的味道。"徐志摩一边进来一边说。"是的，这个味道，一直往我房间里钻，挡也挡不住。"林徽因给徐志摩泡上一杯中国茶。

"听说你在美国留学，怎么跑到英国来了？"

"罗素住在英国，哈哈。"

"我前天买了一本罗素的书。"林徽因拿过一本书来，翻到作者简介，缓缓念道，"英国哲学家、数学家、逻辑学家、历史学家、文学家，分析哲学的主要创始人，世界和平运动的倡导者和组织者。主要作品有《西方哲学史》《哲学问题》《心的分析》《物的分析》。"

"数学里有哲学，历史学里有逻辑，哈哈，罗素的世界好繁杂。我的这颗小脑袋，怕是无论如何装不下。"林徽因说着话，脸上露出迷人的微笑。

"我们一起去餐馆，研究一下英国牛肉的七分熟与九分熟，为我们的舌尖提供一道地道的英格兰风味。"徐志摩提议。

"好啊。"林徽因洁白的脸蛋上一抹迷人的红晕跑到徐志摩的眼里来了。

"徐志摩叔叔是一个爱浪漫又爱美的才子，"林徽因在日记里写道，"他的到来，让我这个无聊的周末，突然充满文学与艺术的欢愉，充满诗人哲理般的智慧。当然，充满英式牛排的香味。"在另一篇日记的结尾，林徽因无厘头地写上最后的结语："徐叔叔长我八岁，而且是有妇之夫，可是，坐在湖边的游艇上，从他的眼里，我分明地看到，那里露出明亮的光。"

"那明亮的光，那七彩的光，分明的，正在一步步照进我的世界。我竟然有些欣喜。"

1922 年初，林徽因跟着父亲林长民一起回到北京。

时空真是一剂妙药。病来如山倒，病去如抽丝，不知是哪个中国民间哲学家说的。人的心里长出爱情，也是得了一种病。林徽因默默地想着，努力整理心头乱纷纷的情绪。走在北京的街头，看着熟悉的街景，听着耳边熟悉的中国话，思绪从伦敦公园的树荫下、小河边，从徐志摩温暖舒适的手里，猛地拉回到现实中来。

"徽因，风这么大，外面看样子要下雨，你还在街头乱窜。"小伙子梁思成手里拿着一把伞。

"买了漂亮的衣服？"看到林徽因肩头背着一个小小的旅游包，梁思成问道。

"没有，什么都没买。"

"不买衣服，你上街干什么？"

"就瞎逛呗。"

"怎么可能？你会把宝贝一般的时间，花费在逛大街上。打死我也不相信。"

"好吧，那你也参加进来吧，陪我一起看北京城里这些古代宫廷式建筑。"

"这些个建筑物，满大街都是，有什么好看的？"

"你能从这里面看出美来吗？我就是需要一双发现古典美的眼睛。你能从这些建筑物里看出宗教来吗？这些建筑就是不说话的宗教。你能从眼前的宫殿群里看出匠人的创意来吗？这些建筑就是古代匠人不说话的创意作品。"林徽因手指着远处的宫殿建筑群，指着街边高大的建筑物说。

"我倒是看出来了，你是在跟这些建筑物聊天。而且我还看出来了，你与这些建筑物聊天的内容，有美学的，有宗教的；有文化的，有历史的；有科学的，有社会学的。"

"好有眼光，好聪明的大脑，你果然看出其中的秘密。我在英国的女房东是个建筑设计师，她经常跟我聊建筑设计，她教会我从美学的角度、从宗教的角度、从艺术的角度、从技术的角度，来观察建筑物。我也就学会了几招，学会了跟哑巴建筑说悄悄话的技巧。"

"这样看来，建筑设计，既是一门专业的学科，同时还是一门交叉性极强的边缘学科。我一直以为，建筑只是木匠的事，只是抡斧子拉锯子的鲁班子弟们的事，现在看来，是力学的、物理学的、数字的、艺术学的，甚至还是哲学的、宗教的，是高度复杂的高度综合的学问。"梁思成说着，津津有味地看着眼前的一座宫殿式建筑。

"我们一起去看看天坛，去看看古代的皇帝，如何通过那座工匠们设计建造的神奇建筑物，跟上天亲密无间地说出心里的话。有兴趣吗？"

"太有兴趣了。来，背包我来帮你背着。"梁思成一伸手，抢过林徽因肩上的小旅行包。

靠着天坛边的一个大石柱，林徽因缓缓地说："我想，我要把建筑学作为我的终身事业。"

"我支持你。我也把建筑学作为我的终身事业，一定要闯荡出一片天地来，设计出 N 座万世流芳、供无数人观瞻的建筑。哈哈，N 一定要大于十，不，要大于二十，甚至更多。"

"我也支持你，做人，做事业，就要雄心勃勃。"两人一边说着，一边用手指轻轻地敲击石头柱子。似乎石柱是一种乐器，能发出有节奏的声音。

1921 年深秋的一天，像往常一样，到了周末，徐志摩来找林徽因去伦敦的郊区旅游。这一天，他突然发现，这里已经人走楼空，不见了林徽因。找到房东打听，得到一个切实的消息，"林徽因跟他爸爸一起回国去了"。

徐志摩用力按住自己那颗怦怦乱跳的心，找到路边一块大石头，掏出一张纸，慢慢地抹去石头上的灰尘，缓缓坐下来。

痛苦、失望的情绪渐渐平静。整理纷乱的思绪，突然有一个强烈的感觉，自己的心里，涨满了爱情，"竟像是第一次，我辨认了星月的光明，草的青，花的香，流水的殷勤"。

慢慢站起身来，走到公园里，坐在长椅上，徐志摩似乎又看到林徽因摆弄一棵细草的样子。拿出一张纸来，徐志摩静静地写道：

轻轻的我走了，正如我轻轻的来；我轻轻的招手，作别西天的云彩。

那河畔的金柳，是夕阳中的新娘；波光里的艳影，在我的心头荡漾。

1922 年初，徐志摩回国。3 月，毅然决然，与妻子张幼仪离婚。

梁启超得到消息，"徐志摩与爱妻张幼仪离婚，如此大的举动，就是为着林佳人"。梁启超连夜动笔，以老师的身份，写信劝徐志摩"赶紧悬崖勒马"，"决不可用小朋友过家家的思维，玩大人的家庭游戏"。

握着梁老师的来信，徐志摩长叹一声，"梁老师啊，你很懂国家政治，你亦很懂得小家政治，但是，对于人生的意义，对于爱情的意义，对于生活的伟大意义，不能说你是外行，我只能说，你可能还没有真正深入其中"。徐志摩吸了一口烟，缓缓摊开一张纸，握笔写道："我将在茫茫人海之中，寻访我灵魂的唯一伴侣。得之，我幸，不得，我命。"

看到徐志摩的回信，梁启超长叹一声，"这位中年人要为爱情奋不顾身了，怕是打根铁链也拉不回来"。

得到徐志摩回国的消息，接着又得到徐志摩与结发妻子张幼仪离婚的消息，林长民有一个非常不好的感觉。这位浪漫才子又要向我漂亮的女儿扑过来，我的女儿能挡得住当世才郎的诱惑吗？

想来想去，林长民想出一个对付才郎的办法。

1923 年 1 月的一天，看到梁思成送女儿回家，两人正在客厅里，准备话别。林长民走进客厅，大声地说："思成，伯父有句话，跟你说说。"

看到梁思成在沙发上坐下来，林长民说："我看你与徽因的事，也八九不离十了，对吧?"停了一停，看着梁思成红着脸腮一个劲地点头。

"我就想啊，你们俩搞一个盛大的订婚仪礼，将亲朋好友都请来，大家一起欢乐欢乐。"停了一停，林长民接着说道，"不要小看这订婚仪礼啊，这就像一堵保护墙，对着外面各色各样的人，能够深深地护住你们俩宝贵无比的爱情。"

梁思成抬起头来，看着洁白的墙壁，缓缓说："伯父说得在理，可是，我在想，我们还在学业之中。我在想，学业完成之时，我们就订下婚约，订婚之后，我们就举行婚礼。现在，集中精力，完成学业。"

"我看出来了，你是个有学业心的孩子。对于自己的爱情，信心满满。我祝福你们。努力学习吧，孩子，伯父也希望你将来学习、事业双双有成，家庭幸福，生活美满。"

1923年春，徐志摩找到了一个工作，在北海快雪堂松坡图书馆任英文秘书。林徽因时常来图书馆借书阅览。这里也成了林徽因、梁思成看书约会的地方。

徐志摩与胡适联手，在北京发起家庭固定餐会活动（新月社的前身，类似于微信群群友聚餐）。聚餐的人群中，时常能看到林长民、林徽因、梁思成的身影。

1923年5月的一天，林徽因得到一个消息，"北京学生举行大游行"，接着又得到消息，"梁思成驾驶的摩托，被高官金永炎撞到，梁思成伤重住院"。

听到"伤重"两个字，林徽因端在手中的茶杯，差点失手掉落地上。对着镜子整理了一下头发，用冷水打湿脸腮，好让自己清醒一点，林徽因捡起一件换洗的衣服，立即朝医院快速奔过去。

梁思成躺在病床上，脸色苍白。看到林徽因走进来，脸上立即现出笑容，慢慢伸出一只手来。林徽因把手伸过去，两只手紧紧地握在一起。林徽因突然感觉，这只手里没有痛苦，一股温暖、舒适的感觉流遍全身。

回到家里，林徽因从书柜里抽出一本书，奥斯卡·王尔德的《夜莺与玫瑰》，静静地展开来，放在桌上。原著作者用离奇的故事，高声歌颂坚贞的爱情。林徽因经常翻看这本英文书，一直找不到那个感觉，一直想翻译出来，却一直品尝不到坚贞爱情的滋味。走在回家的路上，一种强烈的情感，一阵阵袭上心头。"我终于找到感觉了，我找到了。"

12月，林徽因发表这本译作。拿到出版社送来的样书，她做的第一件事，是找来一本空白的本子，练习自己设计的签名。当天，她特意给梁思成送上一本自己签名的书。

1924年4月，印度诗人泰戈尔，以亚洲第一位诺贝尔奖得主的身份访华。林徽因、徐志摩参与接待、翻译工作。时文记载，"林小姐人艳如花，和老诗人挟臂而行，加上长袍白面、郊寒岛瘦的徐志摩，有如苍松竹梅的一幅三友图"。徐志摩的翻译，"用了中国语汇中最美的修辞，便如一首首的小诗，飞瀑流泉，淙淙可听"。林徽因翻译泰戈尔的演讲词，犹如"祈年殿飞檐上的风铃，流水般摇响一片铜声的静穆，如一曲高远的梵歌，悠悠自天外飞来"。

5月8日，泰戈尔的生日，这天，在北京协和大礼堂，新月社举行晚会，用英语上演泰戈尔的抒情诗剧《公主与爱神》。

林徽因饰演公主，徐志摩饰演爱神。华丽的舞台，优美的台词，浪漫的剧情，加上两人激情投入，整个剧场诗意盎然，观众掌声非常热烈。

本是一场假戏，徐志摩心中爱情的花跟着开放。突然想出一个办法来，请泰戈尔出面，向林徽因射出爱情之箭。

林徽因就如一座高山，徐志摩的爱情箭射过去，就如箭入丛林，没有丝毫的反应。泰戈尔感叹道："天空的蔚蓝，爱上了大地的碧绿，他们之间的微风叹了一声，哎。"

6月，林徽因、梁思成一起，双双赴美留学。

徐志摩陪同泰戈尔访问日本，由日本转赴苏联，再转欧洲旅游。"往事不堪回首，自此海角天涯。"坐在前往欧洲的火车上，望着窗外缓缓驶离的山丘，望着山丘旁的田畴，那里有农人出没。摸着手里的茶杯，徐志摩的心里，浸满一种别样的滋味。

在美国宾夕法尼亚大学，1926年的一天，一群同学带着好奇，采访这位来自东方的美女同学。

"我们建筑系里，来自东方中国的学生，极为少见。特别是女同学，更是凤毛麟角。你为什么要选择建筑专业？"

"在英国，我看到了大量西方古典建筑，它们的美丽，深深地吸引了我。在美国，这里有完备的学科体系，这正是我国目前最为缺乏的学科。我们中国有大量精美的东方古代建筑。我要把建筑物百年不朽的理论带回去。"

在渥太华，林徽因、梁思成做出决定，举行结婚典礼。

"我们一起去商店，选择一款漂亮的西式婚纱。"看着林徽因的眼睛，梁思成兴奋地说，"我要把我的东方美人，打扮成全天下最美丽的新娘。"

"我想让参加我的婚礼的同学、朋友、亲戚，感受到我们东方的、中国的民族文化。我已经搜集几款中国结婚服饰的样式，我想依着这些样式，运用我们民族的元素，我们自己来设计，请裁缝做出中式婚礼服装来。"

"我支持你。我跟你一样，热爱我们的民族文化，我也要当我们民族文化的守望人。"梁思成说着，在林徽因的额头上，轻轻地吻了一下。

1928 年，林徽因、梁思成学成归国，在沈阳东北大学，开创我国第一个建筑系。

1929 年，张学良设立奖金，征集东北大学校徽。得到消息，林徽因以长白山和黑龙江为主题，设计出"白山黑水"图案，一举夺冠。

1931 年开始，因为身体原因，林徽因回北京休养。与丈夫梁思成一起，参加中国营造社。两人把研究目标定位在"探寻中国古建筑事业"。

经过三年的研究，梁思成、林徽因将研究成果，结集出版《清式营造则例》。绪论部分，统率全书，林徽因执笔撰写。

从 1931 年到 1937 年，林徽因的足迹遍布中国的七个省，北至陕西耀县，南至福建南平。考察分布各地的古代建筑，用当代话讲，建立中国古代建筑在各地分布、特色、状态的数据库。

一天，中国营造学社的一位教授指着学术刊物上的一篇文章，说道："日本学界某些人士真嚣张。扬言要看飞鸟时期①的木构建筑，得去日本的奈良。"另一位老师有些气愤："日本本来是中国的学生，日本大量的遣唐使从中国老师这里学到了木构建筑的技术，现在一心想当中国的老师。"

教授听了，无奈地说："古代木构建筑耐不住风雨的侵蚀，先天不足，再加上朝代兴废之际，有些人总是喜欢将这些智慧与艺术的结晶付之一炬，唉。"

林徽因坐在旁边，静静地听着，陷入了沉思。自己这些年来，大量的野外考察，的确没有发现唐代时期的木构建筑。

1937年初夏，学校放暑假，又如往年一样，梁思成、林徽因踏上户外考察的旅程。从在校大学生那里，林徽因得到一个信息，"山西五台山的豆村，在大山深处，保存着一座完整的古代庙宇，只知道年代久远，至于是哪个朝代的建筑，当地人也说不清"。

从北京赶到山西，已经进入盛夏。五台山的豆村，是一个深山里的村庄，这里没有马路，只有崎岖的山间小路。没有车辆能通过，只能靠脚步丈量。测量设备、记录设备、生活设备全靠骡子驮着。

一天黄昏时分，一行人终于走到这座古庙的前面。一座在历史中守望千年的瑰宝，洗去尘埃，走入中国研究者的视线。

林徽因找来梯子，在房子的各个部位搜寻文字记载。拂去蛛网，扫掉蝙蝠的粪便，一天傍晚，在夕阳的金黄色光芒中，在大梁底下，终于找到了文字记载。"这是一座唐代木构建筑！"林徽因兴奋地向下面的人群喊出声来。

---

① 飞鸟时期：相当于中国的唐朝时期。

1937 年 7 月 7 日，卢沟桥事变爆发，日军全面进攻中国，林徽因、梁思成全家加入逃难的人群。12 月，走到湖南小城晃县，林徽因患上严重支气管炎，高烧不退，两周后转为肺炎。

小城里所有的旅馆都挤满了战争难民，全家人走到城里时，连住的地方都找不到。梁思成十分着急，在街头四处寻找寄宿的地方。突然听到一栋楼房里传出悠扬的小提琴的声音，顺着声音走进楼里，发现这里住着二十多名空军航校——杭州笕桥航校的学员。

年轻的学员们十分热情，给梁思成全家腾出房间。大家又分头出发，为林徽因找来医生。

病情缓解一些，梁思成全家向目的地昆明进发。

到了昆明，一家人再一次遇到航校的这批学生。每到周末，同学们三五成群到梁家集会。梁思成热情好客，林徽因非常健谈。这些来自东部地区的学生，全都失去了家园，大家都把梁家当成了自己临时的家。走到梁家，就像回家一样亲切、温暖。

一个月后，林徽因的三弟林恒来到昆明。林恒也是杭州笕桥航校的学员，大家更加亲热。

一年后，飞行学员毕业。毕业典礼上，学员们请来梁思成、林徽因，请两人当大家的"名誉家长"。梁思成、林徽因非常高兴，以"家长"的身份，向同学们做毕业致辞。

就在这一年，日本战机加紧对昆明空袭。每一次跑警报，每一次听到日本飞机在空中轰鸣的声音，每一次望到日本飞机在天空中高飞的身影，"名誉妈妈"就为孩子们多了一份担心。

一天，林徽因突然收到一个包裹。打开一看，是陈桂民的阵亡通知书。包裹里还有他的一些照片和书信。在后方，飞行大队找不到陈桂民的家属，就寄给了他们的"名誉家长"。

看着陈桂民的照片，他的音容笑貌立即映上心头。眼泪从林徽因的眼里跑出来，跑出来，不停地跑出来。林徽因的心里，就如失去自己的孩子一样悲痛。

叶鹏飞、黄栋权……阵亡的消息，一个接一个向"名誉家长"传来。一个个年轻的、朝气蓬勃的、鲜活的生命，把他们的青春、热血献给了护卫华夏天空的战场。每接到一份"孩子们"写来的家书，每收到一份噩耗，林徽因的神经就要撕心裂肺地疼痛。

1941 年，日机又一次发动对成都的空袭。林恒受命驾机迎敌。林恒驾驶的飞机刚刚跑出跑道，还没有来得及拉升，日机就已经飞临上空。日机居高临下，用机枪朝林恒的座机扫射。林恒还没有来得及开始一场像样的战斗，就被敌机击毁在跑道的尽头。

梁思成匆匆赶到成都，收殓林恒的遗体，葬在一处无名的墓地。林徽因躺在病床上，坚强地接受这个噩耗。

三弟林恒牺牲后，当初的飞行员学习大队，那群可爱的孩子，就只剩下最后一位学员林耀还活着。在一次战斗中，林耀的左肘被敌机射来的子弹洞穿，大神经被打断。

医生治好了左肘的外伤，然而，受损的神经导致林耀经常出现剧烈的神经痛。林徽因知道这个孩子最喜欢听古典音乐。医生也说，音乐能缓解他的神经痛。林徽因四处寻找，终于买到一部留声机，送到林耀的床前。

林耀病愈，重返蓝天。1944 年，衡阳战役中，林耀驾驶的战机与敌机在天空博杀，林耀牺牲在座机里。

得到这个噩耗，林徽因就像失去所有的孩子一样，那久久埋藏心中的剧痛，一下子爆发出来。林徽因的身体被击倒，生病住进医院。躺在病床上，林徽因用颤抖的笔，写下纪念弟弟的诗，也送给这群可爱的在天堂永存的飞行员孩子。

　　弟弟，你折戟沉沙的英雄故事，只有巍巍的峨眉山会记下你的名字，不管它的草木经历过多少番枯荣；只有奔腾的岷江会记下你的身影，不管它消逝过多少流水。

战乱中，梁思成、林徽因坚持学术研究。1942 年，两人做出重大决定，将多年的研究成果，转化成学术著作《中国建筑史》。林徽因执笔撰写其中的五代、宋、辽、金部分，并且承担全书的校对工作。

抗战胜利后，林徽因随梁思成到清华大学共同创建建筑系。新中国成立后，林徽因参与了国徽设计，参与了人民英雄纪念碑底座花纹的设计，并提出城墙保护计划等。1955 年，一代才女林徽因在北京病逝。

你是人间的四月天

林徽因

我说你是人间的四月天；

笑音点亮了四面风；

轻灵在春的光艳中交舞着变。

你是四月早天里的云烟，

黄昏吹着风的软，

星子在无意中闪，细雨点洒在花前。

那轻，那娉婷，你是，
鲜妍百花的冠冕你戴着，
你是天真，庄严，你是夜夜的月圆。

雪化后那片鹅黄，你像；
新鲜初放芽的绿，你是；
柔嫩喜悦，水光浮动着你梦期待中白莲。

你是一树一树的花开，
是燕在梁间呢喃，——你是爱，是暖，
是希望，你是人间的四月天！

开放之家流彩的电光

道光十七年（1837年），湖广总督林则徐将自己的长女林尘谭嫁给一个书生刘齐衔。四年后，刘齐衔与兄刘齐衢一同考中进士。一胞俩进士，吸引了无数人的眼球，一时传为佳话。后来，刘齐衔官至户部主事、浙江按察使、河南巡抚等。

不能不佩服林则徐的眼力。但是与刘家后代创造的巨大产业相比，一胞俩进士的辉煌也只是小巫见大巫。

刘齐衔生育七个儿子。

大儿子刘学慰与大弟刘学恂合资创办糖厂，生产出来的糖，找不到销路，最后停产歇业。

两人心有不甘，再次卷起袖子，创办纸行。一天夜晚，突然发生一场大火，所有纸张烧得荡然无存。

刘齐衔的七个儿子，耐心地过着小日子，没有建树。爷爷、奶奶、叔叔、伯伯，大家都瞪着眼睛，看着刘家的孙子辈，希望刘家的祖坟能再一次冒青烟。

刘崇佑，刘齐衔的长孙，清光绪年间，考中举人。随后来到日本，考入早稻田大学。

此后，刘家子孙，全部留学海外，有的去日本，有的去德国，有的去美国。

新思想、新知识、新技术，走进这个家族。

1910年，这群喝洋墨水长大的孙子，用爷爷留下的银两为启动资金，买下耀华电灯公司。刘家在电气领域，开始新的征程。

有一组数据记载，1927 年，刘家电气企业雇用员工 800 余人，固定资产 220 万，该年度获纯利 15 万。

1924 年，刘家电气在福州市点亮 6.5 万盏灯，用户数 1.2 万。

第一批出国吃螃蟹的人，用知识、技术、资金，点亮福州，也点亮家族辉煌的前景。

在电灯行业赚得盆满钵满，刘家把眼光投到电话行业。1912 年，福建电话股份有限公司成立，刘家成为最大的控股股东。

从 1921 年电话用户数 600 部，到 1929 年，上升到 1100 户。在电话行业尝到甜头，刘氏家族将投资的眼光，移到更广阔的领域，电气、玻璃、煤矿、轮船、钱庄等 12 家企业相继建立起来。

今天的南街花巷口，就是刘氏天泉钱庄所在地。有跨行业的企业族群支撑，天泉钱庄发行的货币，信用度一度超过国家银行发行的纸币。市区的人在用天泉币，周边几个县的人，也在用天泉币。白花花的银子，就如河里欢腾的浪花一样，涌进宫巷里刘家的大门。刘家跃升为福州首富。

20 世纪 30 年代，电气公司做出决定，设立农村电气化部，开拓农村市场。第一步，架设 33 千伏输电线 22.6 公里。成功建设洪山桥电气化农场，5 万亩望天田变成电力灌溉保障的良田。

在宽阔的乌龙江两岸，建成 54.9 米高的铁塔，输电线横跨 730 米的江面。这条电线，成为全国最长的过江电线工程。高高矗立的铁塔，横过半空的电线，成为福州人眼中近代工业化的迷人风景。

1941 年日军从长乐登陆，进攻福州。派出飞机，投下炸弹，炸毁这条有地标意义的输电线和铁塔。

"日军为什么对输电线和铁塔下毒手?"有听讲的同学提问。

实在是日本人对刘氏家族恨之入骨。这起源于刘齐衔的两个孙子——刘崇佑、刘崇伦。

刘崇佑，年轻时在日本学习法律，回国后，与林长民一起创办福建私立法政学堂，任董事长。后来，当上福建省咨议局副议长，同时从事律师职业。

甲午战争后，根据《马关条约》的规定，日军占领台湾。日本政府随即把福建纳入势力范围，瞪大眼睛，寻找入侵福建的机会。

1919 年五四运动爆发，福建人民对日军、日本政府的侵略意图愤怒至极，大量民众走上街头，举行反日游行示威。

日本驻华大使，向首相传回信息，"闽人仇日情绪最为激烈"。

"拿下福建，对我们日本强大的军队来说，稳坐钓鱼台。现在需要的，是且仅是一个借口而已。"日驻闽领事馆警察署长江口善海很快想出制造借口的办法。

11 月 12 日江口善海运用捏造的手法，向外界发出言论，"日商货物被截，日人受到威胁"。做好舆论铺垫后，16 日，亲自率领 67 个日本人组成的"敢死队"，身配武器，手持棍棒，冲上福州街头。

沿着街道，日本敢死队冲向商店、餐馆，又砸又抢。一些市民前往围观、劝说，这些人不由分说，举起手里的棍棒、砍刀，冲过来就打，举刀就砍。

巡警得到消息，立即过去劝阻，惨遭围攻、砍杀。学生黄玉苍、巡警史孝亮等十余人受重伤，数十人轻伤，大量财产损失。

中国人也不是那么好欺负的。一些中国人与警察一起，拿起刀棍、枪械奋起反击，江口善海等凶犯被抓获，刀枪等凶器被夺下来。

福建当局担心日军以此为借口进攻福建，随后将凶犯交还日本领事馆。

日军并不就此罢休，叫喊"此冲突为中国学生截夺日商货物而引起"，随即调来大批军舰，做进攻前的军事准备。

史称"台江事件"。

福州人得到日本军队即将进攻的消息，学生罢课，商店罢市。消息传向全国各地。上海、北京等各界群众数十万人，举行集会、游行。中国人民群情激愤，纷纷声讨日本帝国主义罪行，声讨日帝的强盗行径。

学生会领袖周恩来，带头上街游行。接着同四位学生代表到直隶省公署请愿，被逮捕。

学生联合会聘请刘崇佑为律师，发起诉讼，营救周恩来等被捕学生。

刘崇佑行动迅速，多方奔走，赢得官司。在法庭上，刘崇佑义正词严地说："身为中国人，有哪一个不爱国，有哪一个不救国？救国是公民的义务，也是神圣不可侵犯的国民权利。"

刘崇佑作为"抗日律师"，声名远播，日本政府得到消息，十分痛恨。

周恩来出狱后，被推荐赴欧洲留学。临行前，刘崇佑亲手将500银圆送给青年学生周恩来，作为赴欧洲的路费。

据说1957年11月，周恩来前往上海，亲自看望刘崇佑年迈的夫人（刘崇佑 1942 年于上海病逝）。

台江事件，1920 年 11 月画上句号。慑于中国人民强烈的抗日情绪，日军未敢贸然发起军事进攻。中日双方最后达成协议，互相备文道歉。日方付给受伤者抚恤金，赔偿财产损失，惩治凶犯。

刘崇伦，毕业于东京高等工业学校电气工程专业，1927 年，全盘接手整个家族企业。就在这一年，就在刘氏企业蒸蒸日上之际，野心勃勃的日本首相兼外相田中义一，向日本天皇捧上一本极端无耻的秘密奏折。内容选摘如下：

"唯欲征服支那，必先征服满蒙，欲征服世界，必先征服支那。

"倘支那完全可被我国征服，其他如小中亚细亚及印度南洋等，异服之民族必畏我敬我而降于我，使世界知东亚为日本之东亚，永不敢向我侵犯，此乃明治大帝之遗策，亦是我帝国存亡上必要之事也。

"所谓'满蒙'就是指奉天、吉林、黑龙江及内外蒙古而言。这里，不仅地广人稀令人歆羡，而农矿森林的丰富也是世界无比。因此，我国为了开发其资源，以培养帝国永久繁荣，特设'南满洲铁道株式会社'，以中日共存共荣的名义，对该地的铁路、海运、森林、铁矿、农业、畜产等各方面投资达四亿四千万日圆，这个企业实际是我国企业中规模最庞大的一个。"

1928 年，台湾人蔡智堪应聘到日本皇宫档案馆，做整理档案的工作。一天下午，正在整理档案时，偶然看到这本奏折。趁着同事不注意，蔡智堪偷偷将内容抄下来。

蔡智堪将这份奏折分成小段，一段一段寄出日本，寄回台湾。

之后，将这份奏折交到张学良手中，请张学良转交国民政府。

南京《时事月报》一位记者得到消息，将田中义一的这份奏折，全文刊出。

一天晚上，刘崇伦坐在沙发里，随手翻看茶几上面的杂志，眼睛看到转载的这本奏折。突然他想到在日本学习时，那些中国学生无法理解的日本特色。日本的教育，是军国主义教育；日本经济，是军国主义经济；日本政治，也是军国主义政治。当时，觉得十分难以理解。中国崇尚尊重礼教的儒家思想，中国人向往和谐大同的世界，为什么日本政府却将国家的政策、教育、经济、政治、军事乃至文化，都军国主义化，对邻居推行铁血外交？

看着田中奏折里那些血淋淋的文字，想着日本经济高飞猛进，想着日本军事工业迅猛发展，想着日本军队磨刀霍霍，他突然有一个感觉，一个毛骨悚然的感觉。一股寒意从背脊沟里慢慢渗出来，从脚板底下滑出来。

他突然想到一个问题，立即翻到《时事月报》的封底，查看它的销量，十分有限。"应该让更多的人，上到官府，下到百姓，看到日本顶层的罪恶阴谋，"刘崇伦自言自语地说，拳头捏得铁紧，"中国决不能蒙在鼓里，决不能睡在梦里，一定要尽快地醒过来。""这是一颗恶臭无比的炸弹，必须把它扔出去，让中国人都知道，暴敌将至，决非虚言狂语扰乱天下。"

第二天上午，刘崇伦来到上海印刷局，付出一笔费用，签下复印订单。随即派出一批人手，通过报刊邮路，向全国各地机关单位、报刊用户大量投递。

1937年抗日战争爆发。一天，刘崇伦去台江博爱医院看病，回家的路上，被人绑架。葬尸何处，无人知晓。失踪时，年仅 51 岁。

日本人罪恶的眼睛，随即盯上刘家另一位子孙。

13 岁时，刘崇佺去日本求学，后来去美国飞行学校学习飞行与发动机制造。抗日战争爆发，刘崇佺向家人说道，"吾之生命，当付之国家"。

1938 年 8 月 24 日，刘崇佺从香港驾驶民航机飞往成都。飞机飞到广州上空，一群日本战斗机突然出现在天空，随即向民航机发起围攻。刘崇佺的飞机被日本战机的炮火击中，掉入水中。刘崇佺牺牲，死时年仅 38 岁。

经过日本军队战火的摧残，刘氏企业一步步凋零。生意鼎盛、企业红火的年代，刘氏买下四周的房子，将它们连成一片。主客厅的天井，共有八进八出，装修豪华，宏大敞亮。现如今，宫巷里只剩下两进老屋，面积 880 平方米。今天的游人，还能看见高高的院墙，墙壁上透出灵秀之气的雕花窗格。天井边的水池里，硕大的荷花，花底下一群群肥大的锦鲤悠然出没。或许当年刘家子孙就站在这些天井边上，凭窗远眺西方的天空，心中储满努力学习科技知识、发财致富的梦想，心中储满爱国的热情。

玉尺山房·从诗书文人陈衍到伪满洲国总理郑孝胥

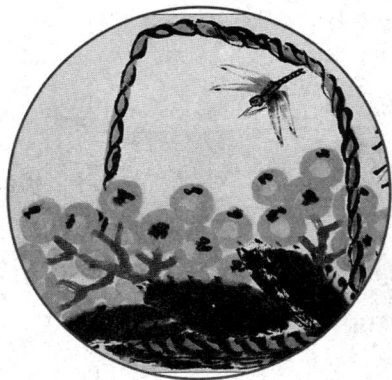

玉尺山房，一个非常好听的名字。来源于宋朝时这里有一座低平的山，叫玉尺山。现在，山早已被削平，变成了这些美丽的房子。这应该是一座有灵气的山，不然的话，住在这些房子里的人，咋个名人大腕辈出呢？

1859 年，在父亲的教导下，三岁的陈衍会读书会写字，10 岁时，"终年为诗，日课一首"。1912 年，著作《石遗室诗话》在《庸言》（梁启超主办，半月刊）连载。后结集出版。

《石遗室诗话》风靡一时，全国各地无数诗词作者纷纷将自己的诗词作品寄送给他，请他品赏、评论。"投诗乞品者无虚日，争得其一言为荣。"日记里，陈衍写道："海内诗人寄来他们的诗作，我看过的，整整塞满一间房子。我选择其中的佳句，收入录下的，不可胜数。"

品读诗词，是自己的特长、爱好，然而却混不到饭吃。陈衍将自己人生的前途锚定在科举考试上。18 岁开始，入县学。之后，连续不断参加每一届乡试。27 岁那年，终于考中举人。同榜中举的，有诗社里的诗友林琴南、郑孝胥。

陈衍十分高兴，接下来，向京城进发，向进士的光辉顶点发起冲锋。一次次满怀希望而去，一次次失魂落魄而归。无数青春年华，滚落在京城往返的汗水之中，结果都是一样，除了眼泪、伤心，就只剩下树底下叹惜的月落与旷野里哀伤的狐鸣。

1903 年，陈衍已经 47 岁。京城科举考场里，青年人堆中，一位年近半百、黑发里已经夹杂着几绺白发的人，出入其间，这就是陈衍。最后一次考试，因试卷书写格式不合规定，考官将陈衍的考卷判定为"不予送阅"。一辈子在"四书""五经"里忙碌，最终被考官那双洁白的手无情地判定为白忙大半生。

才华横溢却累试不第，陈衍像史书堆里众多留下姓名的文人才子一样，走上这条曲折、痛苦、郁闷的人生奇葩路。

1895 年春，进京会试。刚到京城，陈衍就得到消息，"中日甲午战争，清军被打败。李鸿章作为全权代表，前去日本求和。日方提出求和条件，败方必须割让辽东半岛、台湾等领土"。

陈衍感觉自己无论如何也坐不住，找到林琴南等志同道合的举人，众人商议一番后，做出决定，"由林琴南起草奏章，大家联名，上书都督院"。

两年后，陈衍来到上海。陈季同在上海创办《求是报》，得到陈衍来上海的消息，立即聘请他为主编。

坐在主编的职位上，陈衍拿起自己的笔，写出一篇又一篇针砭时弊的杂文，受到读者的热烈欢迎。在陈衍主持下，《求是报》在上海红极一时。

湖广总督张之洞是《求是报》的热心读者，非常喜欢陈衍的文章，十分欣赏他的才华，做出决定，"将陈衍招聘至幕下，担当官报局总编纂"。

1898 年春，陈衍又赴京会试。沿途到处听到人们谈论变法。到达北京，他听到消息，"康有为等人设立'保国会'，打出保国、保种、保教的旗号"。

住进旅馆，陈衍拿出毛笔，磨动砚墨，铺开纸张，连夜动笔，写成《戊戌变法榷议》。文章分成十部篇章，提出变法十大主张：研习西学；变通科举；编练新军；办军事学校……

戊戌变法失败，张之洞的《官报》停办，陈衍找到新的工作，在京师大学堂、法政学校、厦门大学等学校教书。一边教书，一边翻译出版《商业经济学》《货币制度论》《商业地理》等书，将西方资本主义下的商业、金融体制，介绍到东方的中国来。

60岁时，接受福建督军、省长李厚基的礼聘，陈衍编纂《福建通志》。花去五年的时间，编写600余卷近1000万字的通志文稿。

《福建通志》书名由郑孝胥题写，成为福建省志中最为完备的一部。

在文儒坊大光里8号，陈衍住到1937年8月。他的心中储满智慧、才华和抱负，然而却只能坐在自己的小屋里听外界潮起潮落，听内心翻江倒海。虽然一生郁郁不得志，上天却没有亏待他，让他活到81岁，成为那个时代的寿星。

再说郑孝胥。

郑孝胥家与陈衍家都在文儒坊洗银营，两家之间，几步路距离。

陈衍拼尽力气，也考不上进士。郑家则出了十个举人，五个进士。同一世界两重天。郑孝胥曾祖父、父亲全都考中进士。

1882年福建省乡试，郑孝胥高中解元。不只是学霸、考霸，郑孝胥的诗、画、书法，都小有名气。13岁时熟背十三经。他的诗作获得"晚清诗坛第一人"的赞誉。他的画，古朴苍劲，深厚有力。他的字，无论楷书还是隶书，获得大量粉丝追捧。

禀性非凡，才华横溢，霸气侧漏，这样的人，遇到一个大舞台，就可以鹏程万里，展翅高飞。

1885年，经岳父介绍，郑孝胥入直隶总督李鸿章幕府。

1891年，郑孝胥随同李经方（李鸿章儿子）出使日本，开始步入国际政治舞台。后来，留在日本，担任领事、总领事等职务。

"郑孝胥国际政治舞台小试牛刀，锋芒毕露。""郑孝胥刚刚从日本回国，现年35岁。"1895年11月的一天，两江总督张之洞得到这个消息，十分兴奋，"他在日本工作五年时间。他必定下了功夫了解日本，对世界先进国家的政策法令、政治经济，必定有所研究。我的幕下，正需要知晓世界、知晓先进国家、知晓国际的人才"。

得到张之洞邀请入幕的消息，郑孝胥十分高兴，望着窗外的蓝天，暗下决心，"通过两江总督这面大旗，我要让政府政策的制定、实施与国际接轨，让大清融入国际大家庭"。

通过张之洞，郑孝胥阔步进入大清的政治中心，向国内政治舞台的顶层前进。

1898年的一天，光绪翻看张之洞的奏折，看到他介绍郑孝胥以国际政治的眼光，观察、思考国内政治中的问题；郑孝胥以先进日本国经济、政治、军事视角，分析当下国内军事政治经济，光绪做出决定，召见郑孝胥。看看一个在日本国游历多年的人，看看一个长年吃惯日本饭的人，如何品味大清这道"菜"。

得到皇帝召见的消息，郑孝胥立即开动脑筋。如果我讲日本的首相、议会政党如何互掐，光绪不一定感兴趣，最多只是像看西洋景一样听点新玩意儿而已。如果我讲日本的民间资本家如何弄股份公司赚大钱，大清的国库里有的是钱，收税官天天在外面为皇帝收钱，光绪也不一定感兴趣。那么我该讲什么呢？

双脚踏进皇宫的地面时，郑孝胥终于想出一套方案。我什么都不讲，单单就讲日本的军国主义。

"在日本生活的这五年间，日本给我印象最为深刻的是日本的军国主义。"看到光绪认真在听，郑孝胥继续说道，"日本的经济，为军国主义提供动力支持；日本的教育，从小学生到大学生，老师极力灌输军国主义思想，为军国主义提供智力支持。日本的军事建设，从新式武器到新式陆军、新式海军，军国主义的旗帜，在日本大地高高飘扬。"

"我们家的旁边，如果住着这样一位邻居，一位以打家劫舍为立家之本的邻居，我们应该怎样做？""我们必须立即行动起来，赶紧编练新军，大量采购新式武器，用新式武器来武装我们自己的新式陆军、新式海军。"

看到光绪在点头，郑孝胥有一个感觉，今天觐见皇帝，不会是英雄白跑路。

回到家里，刚刚坐定，就接到皇帝诏书"着郑孝胥在总理衙门章京上行走"。总理衙门，也称总理各国事务衙门，类似于当代的外交部，比外交部管理的事务更多、更宽、更杂。

戊戌变法失败，军机处章京、老乡林旭被腰斩，而同样是被光绪亲手任命的章京，郑孝胥幸运地躲过这一劫。可以看出，比林旭大15岁的郑孝胥政治上更老辣，城府更深，锋芒轻易不外露。

此后，郑孝胥仕途通畅，两广洋务督办（1903 年入职）、湖南布政使（1911 年入职）、总理内务府大臣（1923 年入职）、伪满洲国总理（1934 年入职）……在政治舞台的中央，东南互保、预备立宪、路政改革，处处活跃着他的身影。

"为什么他当伪满洲国总理，为什么走上这条政治不归路？"有读者提出过这样的问题。从下面发生的几件大事上，或许能看出他的心结。

丢了皇宫的溥仪住在天津，内务大臣郑孝胥随侍左右。郑孝胥捧上奏折，提出建议案，"官员觐见议事时，不穿清朝规定的朝服，都着西装"。接着又上奏章，"设书局，挑选作者，将清朝各代治国大事编纂成书"。

1928 年的一天，溥仪突然听到一个消息，"国民党第六集团军第十二军军长孙殿英，以军事演习做掩护，驱散东陵保安，挖开乾隆、慈禧的墓室，盗走墓内大量陪葬品"。溥仪抱头痛哭，设下灵堂，祭奠被惊扰的祖宗的灵魂。

"前清冀州知州金良骥，手下有一批人马，办事得力，臣建议派他出面，前往东陵查办此案。"郑孝胥当即提出方案。

过了一段时间，溥仪得到一个消息，"金良骥带着手下一班人马来到东陵，没有查出结果"。

"建议派张学骥（国民党京津卫戍司令部参事张彪的儿子）与宝熙（清室王公）接洽，共同侦办此案。"郑孝胥随即提出第二套方案。

大家忙活了几天，结果还是那样，竹篮打水一场空。

1931 年 7 月，东南省份发生水灾。郑孝胥得到消息，捧上奏折，"这是个机会，一个扩大清朝廷在人们心中影响、重新塑造形象的机会。把皇室部分房产捐出，救济灾民"。溥仪接受了这个建议，将一处房产捐出济灾（天津吉野街井上医院）。这件事，果然引发媒体报道，引起社会关注。

1931 年 8 月的一天，溥仪突然接到淑妃派人送来的一封信，"不堪虐待，欲诉法庭"几个字赫然纸上。

感觉有人用拳头在自己的背上重重地一击，看着这八个小字，溥仪有一种昏昏然的感觉。慢慢清醒过来，镇定起来，当即想到一个人。

郑孝胥连夜赶到溥仪的住处。"给淑妃另购一宅。先把这事暂且瞒住，不对外界泄露。"郑孝胥拿出第一个主意。

几天后，郑孝胥拿出第二个主意，"几经劝说，仍无效果，淑妃去意坚定。宜谕以'不嫁归母家，则赡养终身。否则，听任其便'"。

淑妃同意回兄侄家居住。溥仪对外宣布"废淑妃为庶人"，总算保全了面子。

末世王朝已成一栋四面透风的破屋。郑孝胥拿着砖头、泥沙四处糊墙补洞，结果自身落得"傀儡、奴才、卖国贼"的骂名。1938 年，暴死于长春。

郭家大院

从江苏巡抚到兴利除弊杂家

郭家大院，真正是大院。2000多平方米的面积，三重天井。天井的两旁，饰有回廊，从前门一直通到后门。回廊下面，铺着又宽又长的青石板，天热的时候，赤脚走在上面，清凉的脚板底下，会发出啪啪的响声。上面是雕刻精美图案的屋檐，那些赤脚发出的噼啪声，会在那里有一丝丝一缕缕淡淡的回音。

沿着蜿蜒的回廊漫步，两边的鲜花、鱼池、假山、奇石，一一进入眼中。清风明月中，月光静静地躺在这里，让人沉醉；烟雨季节，徜徉在回廊里，看细雨在屋顶织成帘幕，听屋瓦汇集的雨水慢慢滴落，更觉诗意无边。

这家房子的主人，郭阶三，嘉庆二十一年（1816年）的举人，最高官职做过县教谕（类似于今天的县教育局局长）。他那点薪俸，半个回廊都买不起，何谈市中心富人区如此超大的院落？

他家的大门头上，没有悬挂四个大字——"五子登科"，但他的五个儿子，全部登科举，有举人，有进士。郭阶三家，就是传说中的五子登科。

道光年间，就像今天的人投篮球一样，他的五个儿子五投五中，接二连三登皇榜，接二连三做高官，羡慕得当地人眼都绿了。

文儒坊陈承裘家六个儿子相继登科，那都是以后近半个世纪才有的事。在道光年间，五子登科，五子及第，整个省市都为之轰动。

今天黄巷4号大门上挂的是"郭柏荫故居"。房子是郭阶三一手买下的，一手打造的，儿子郭柏荫在官道上做得风生水起、名世显赫，这门头上，就给儿子抢了头彩。

郭柏荫，道光十二年（1832年）进士。

五年后，道光十七年（1837年），郭柏荫任浙江道监察御史。两年后，升刑部给事中，地方官升级为京官。太平军兴起，郭柏荫响应"汉人官员回乡办团练"的号召，回老家办理团练（团练，汉人官员兴办的地方武装部队，用以对抗太平军，如曾国藩主办的湘军）。

同治元年（1862年），郭柏荫来到安庆大营，协助曾国藩，攻打太平军。

攻打太平军的过程中，郭柏荫的能力，得到曾国藩赏识。随后，在曾国藩的推荐下，郭柏荫一路升官，先后担任江苏布政使、江苏巡抚、湖广总督等重职。

光绪元年（1875年），郭柏荫68岁，"因疾请辞"，回到福州老家。在家他也没有歇着，大做公益事业，如书院讲学、浚河排涝、修缮孔庙等。九年后，病逝家中。

与在官道上驰骋的哥哥郭柏荫相比，弟弟郭柏苍在另一条高山奇道上，走出另一番风采。

郭柏苍，23岁中举人。

1867年，通过应聘，找到一项工作，主持修筑福州城南城城楼。

望着城楼上忙碌的民工队伍，看着瓦工们手里挥舞的泥刀，看着木匠手里上下拉动的锯子，郭柏苍想起雨季大街小巷涌动的污水。

福州多雨，城市排水不畅。每到雨季，家家进水，户户叫苦连天。这里不只是有大生意，也是城市管理者必须解决市民雨季出行、雨季居家的大问题。

想到这里，郭柏苍立即动笔，"开城濠，疏通龙湫河"，"又呈请修复三元沟、七星沟"。

接到这三笔大业务，郭柏苍一面组织民工开濠、修沟，一边指挥一批人竖立石碑，"沟流所经民屋、城墙，特竖巨碑数处"，同时指挥一批人手持纸笔，画出地图，将明濠、暗沟经过的地方，一一画录下来，"复刊成书"。在《三元沟始末》一书中，将重要的节点，细细标出明确的位置，以便以后城市建设时查阅。

1877 年，郭柏苍已经 62 岁，三笔超大业务找上门来。福州知府亲自送来请帖，"怀安、洪塘、濂浦三条江，往日是我福州城的三条美丽的大飘带。现如今，变成三大水患，数百年来，江中泥沙淤积，江面越来越浅，江坝越修越高。请你出山，主持疏浚。水道深了，江道通了，江坝就安全。这是大投入、大工程，考虑十几个人选，我一个接一个否决。还只有你啊，让我放得下这个心"。

郭柏苍接下三笔大业务，立即搭班子，建队伍。郭柏苍将领导团队分成规划、施工、监督三部分。规划人员制定详细的工程规则、进度规划、质量细则、施工流程。施工、监督人员，将规划里的工作，一一落实到位。

"篛冠藤杖风前立，寒影翩翩在夕阳。"郭柏苍白天查看施工的各个环节，晚上也不休息，将收集的资料，细细整理，编写成《闽会水利故》。"我的这点工作，今天看来可有可无。长远地看，这项工作不可或缺，这将是福州市今后水利兴修、水利建设方面，珍贵的参考资料。"在书的后记里，可以看到，郭柏苍的眼光，不只是盯着脚下这条路，而且望到很远的地方。

读者有兴趣的话，我们一同来翻看郭柏苍留下的另外几本书。

《海错百一录》：书名有点怪，这本书里，他记录下的东西更是千奇百怪。专业的说法，他深入沿海各地，将搜集到的海产资源，细细考证，详细记录编著。今天的网络说法，这本书应该叫《吃货志》，取个好听的书名，类似于《舌尖上的中国》，专门录入吃货桌上那些海珍海鲜。有形状，有颜色，有产地，更记录它们活色鲜香的味道、蒸煮煨炸的烹饪手法，让人忍不住想试一试古代人不一样的烧法、吃法。

《闽产录异》：记录福建、台湾等沿海地区的土特产（吃货们又笑了）、动物、植物、矿产。如此专业的著作，用一点专业的眼光，当代应该称"沿海资源学"或"沿海博物学"。

《竹间十日话》，书名好高雅。记录地方上的历史掌故。跟我们大家手里拿着的、现在正在翻看的这本书，属于同一类。

《新港开塞编》《福州浚湖事略》：水利专著。

《柳湄小榭诗集》《鄂跗草堂诗集》：诗词文学作品。

从水利到美食，从诗词到物产，从历史掌故到水利档案资料，如此庞杂，学科跨度如此之大，让我想起一个人来。

文艺复兴时期的达·芬奇。一位思想深邃、学识渊博、多才多艺的画家、天文学家、发明家、建筑工程师。擅长雕塑、音乐、发明、建筑，通晓数学、生理、物理、天文、地质等学科，既多才多艺，又勤奋多产，保存下来的手稿大约有六千页。

这样的人，跨越科学与文学，今天当称之为杂家吧。

人活在世上，可以当专家，亦可以当个杂家。杂家的活法，更加恣意，就如蹚进大海，四处闯荡漂流；就如飞越无数高山，阅尽无限风光。

　　无论专家还是杂家，都需要一样东西——资源。一般的专业人员升级到"专家"的级别，资源必定要厚实，否则，垫不出"专家""杂家"这样的高身段来。

　　郭柏苍爱好收藏，购买的书籍，难以计数。他的藏书室，仅仅名称就有十几个之多，"补蕉山馆""三峰草庐""秋翠院""红雨山房"……

　　郭柏苍每买到一本书，都如获至宝，决不是放在书房里让别人来羡慕，一定花下精力，用下心思，悉心研究。书，当代人称为"敲门砖"，而对于杂家来说，"垫脚石"或许更契合。